Marat-Sade

Ibrahim Guerra.

Basada en:
"Persecución y Asesinato de Jean-Paul Marat Representado por el
Grupo Teatral de la Casa de Salud de Charenton bajo la dirección del
Señor de Sade" **de Peter Weiss.**

ISBN-13: 978-1494846275
ISBN-10: 1494846276

CONTENIDO

.

¡No soy un dictador!

Cuidado, Marat, Cuidado
Vas a morir, matando
Y matando, serás el primero en morir
Tal como tu propia voz lo proclama
Como lo dice tu voz
A través de ti arde la llama
De lo que llamas Revolución
Cuidado, Marat, cuidado,
Porque detrás de las piedras
Se esconden
Los fantasmas de la traición.

MARAT SADE

De IBRAHIM GUERRA

Basada en
"Persecución y asesinato de Jean-Paul Marat representado por el Grupo Teatral de la Casa de Salud de Charenton bajo la dirección del Señor de Sade" de Peter Weiss.

PERSONAJES:
EL MARQUÉS DE SADE
JEAN PAUL MARAT
SIMONA EVRARD
CARLOTA CORDAY
DUPERRET
JACQUES ROUX
EL PREGONERO
COULMIER
LA MUJER DE COULMIER
MADELEINNE COULMIER, HIJA DE COULMIER
LUCRESSE, SUEGRA DE COULMIER
ENFERMEROS
ENFERMOS, HOMBRES Y MUJERES.
RELIGIOSAS.
MÚSICOS: ORGANISTA, VIOLINISTA Y CUALQUIER OTRO.

ESPACIO: EL HOSPICIO DE CHARENTON. HOSPITAL DE SALUD MENTAL EN EL QUE SE ENCUENTRA RECLUIDO EL MARQUÉS DE SADE. AMBIENTES: EL JARDÍN DEL HOSPITAL, LA ANTESALA A LA SALA DE BAÑOS Y LA SALA DE BAÑOS.

Época: 1808

PRIMERA PARTE

1.- EL JARDÍN,

LOS ENFERMOS DEAMBULAN. VISTEN BATAS HOSPITALARIAS. A ALGUNOS LOS ACOMPAÑAN SUS RESPECTIVOS CUIDADORES, ENFERMEROS O MONJAS. OTROS ESTÁN SOLOS, HACEN QUE LEEN. HABLAN CONSIGO MISMOS, RÍEN. LOS ESPECTADORES A LA REPRESENTACIÓN DEBERÁN CRUZAR ESTE AMBIENTE.

2.- LA ANTESALA

PREPARADA PARA RECIBIR A LOS INVITADOS A LA REPRESENTACIÓN TEATRAL. UNA ESCALERA, ADORNADA CON GUIRNALDAS, DA ACCESO AL ESPACIO SUPERIOR DEL LOBBY. ALGUNOS SERVIDORES (ENFERMOS), TAMBIÉN DE LIBREA SOBRE SU BATA DE HOSPITALIZACIÓN, SIRVEN LICORES Y APERITIVOS.

COULMIER, EL DIRECTOR DE LA INSTITUCIÓN, SU ESPOSA Y SU HIJA BAJAN LAS ESCALERAS. VISTEN CON EXQUISITA, AUNQUE MODERADA, EXTRAVAGANCIA. RECIBEN A LOS ESPECTADORES QUE HAN LLEGADO.

COULMIER.- Amigos, sean bienvenidos, me hacen sentir un placer muy grande con su distinguida visita... me honran, sean bienvenidos a Charenton, etc., etc. Es un placer tenerlos entre nosotros... normalmente sólo contamos con la visita de los familiares de nuestros huéspedes, (hace ya algún tiempo que dejamos de llamarlos enfermos, y, mucho menos, locos), pero hoy es un día especial, la cultura, el arte y la historia nos ha unido con la intelectualidad mas importante de Paris. ¡Sean todos bienvenidos!...

UN ENFERMO SE ACERCA A UN ESPECTADOR, ESTE, SEGURAMENTE, SONRÍE CON APREHENSIÓN. EL ENFERMO LE SONRÍE CON AFECTO.

COULMIER.-¡Deje quieto al señor, Michelle!, él no es tu padre... quizás tampoco esta noche venga... cálmate. Vete al jardín, distráete un poco, anda...

EL ENFERMO SE ALEJA SUMISO Y FRUSTRADO.

COULMIER.- (AL ESPECTADOR) No tiene nada que temer. (A TODOS) Ni Ustedes tampoco. Todos nuestros huéspedes, al menos, los escogidos para actuar esta noche, y para ayudarnos en el servicio, son inofensivos, y han sido perfecta y minuciosamente aseados.

CAMINA HACIA OTRO SITIO. AUN EN LA ESCALERA, LA MUJER DE COULMIER Y SU HIJA HABLAN SIMULTÁNEAMENTE A EL, QUE LO HACE EN OTRO SITIO, HIPERREALISMO.

LA NIÑA.- Mamá, a mi esto no me gusta, ya te dije que me quería ir, yo no quiero estar entre locos

SRA. COULMIER.- ¡Shisss, niña! No les digas así, que a tu padre no le gusta….

COULMIER.- (A LOS ESPECTADORES) No son locos, ni enfermos, ni pacientes, son nuestros …huéspedes.

SRA. COULMIER.- El principal huésped de este lugar horrendo es el loco más grande que se conoce, el pervertido Marqués de Sade. Pero no se les puede llamar así, porque ofenden. Algunos pagan por estar aquí, por lo que hay que tratarlos con sutileza...

NIÑA.- (EMPECINADA) Pero son locos, además parecen que fueran ladrones y asesinos, a mi me dan mucho miedo, yo me quiero ir de aquí, mamá.

SE INTENTA IR, PERO SU PADRE LA RETIENE

COULMIER.- Hija, son inofensivos, no son como te imaginas, eso eran los de antes, los que verdaderamente son peligrosos no están en la representación, no los dejamos participar, tranquilízate, ya veras que te vas a divertir...

NIÑA.- ¿Cómo me voy a divertir viendo a esa gente tan fea, que me producen asco? Además, huelen mal, esto huele muy feo... Esto huele a gente hedionda, a gente pobre, papá...

COULMIER.- Tal vez uno que otros invitados, que alo mejor no ha usado los perfumes adecuados, pero los pacientes no son, hija, ellos todos han sido debidamente aseados... y todos están preparados para brindarnos una velada maravillosa... En eso el Marqués ha cuidado todos los detalles

SRA. COULMIER.- Si este espectáculo es como las obras que escribe, seguro que debe ser espantosa... Espero que no repita en escena lo mismo que narra en las porquerías que escribe... ¿Y esta historia del tal Marat?, -¿Ese no fue el que mataron por asesino?..

COULMIER.- Si, claro, por revolucionarios.... Lo mató una jovencita de Caén... Es una historia muy interesante

NIÑA.- ¿Que interesante puede tener la muerte de un revolucionario? ¿Eso ya no pasó?

COULMIER.- Si, hija, pasó, pero es conveniente que las personas conozcan nuestra historia. Además, claro, tú estabas muy pequeña, pero de eso no hace más de ocho años...

NIÑA.- ¿Y eran locos esos revolucionarios?

COULMIER.- Niña, no los llames así, no eran locos los revolucionarios, ni Tampoco lo son los actores que los interpretan, son huéspedes, hija, que actúan. Y, ya, cálmate, y siéntate, y no te pongas malcriada... (A UN GRUPO DE ESPECTADORES) Algunos... huespedes llegan en estado deplorable, pero tenemos métodos eficaces para llevarlos en muy poco tiempo a la cordura y a la normalidad. Todos aquí son tratados de la misma forma. En la Bastilla se morían de hambre y hacinamiento. Aquí, por el contrario, cuentan, algunos de ellos, los más adelantados en sus tratamientos médicos, con habitaciones privadas, con ventanas que miran hacia los espléndidos jardines con que cuenta la institución.

CAMINA HACIA OTRO SITIO, Y SE DIRIGE A OTRO GRUPO DE ESPECTADORES, A LA VEZ QUE LOS SALUDA

Bienvenidos... ¿Como les fue en el viaje?... nos agrada mucho tenerlos entre nosotros, le comentaba a monsieur (Nombre de la persona con la que hablaba anteriormente) las bondades de nuestras institución, le decia que algunos de nuestros huespedes, no todos, naturalmente, poseen salas de baños privadas. El resto usa las instalaciones comunes. Precisamente, en una de ellas, se llevará a cabo la representación de esta noche... Esto ha impedido que los huéspedes que las usan regularmente lo hayan hecho durante los últimos cinco días, en los que nos hemos esmerado en los preparativos finales del espectaculo (SONRÍE) pero no se preocupen, (SE TAPA LA NARIZ CON LOS DEDOS) Ustedes no van a sentir ningún malestar, ellos no actuarán esta Noche...

POR LA PUERTA QUE DA ACCESO AL SALÓN DE BAÑOS APARECE **EL PREGONERO**. DA VARIOS GOLPES EN EL SUELO CON EL PUNTERO PARA RECLAMAR ATENCIÓN DE LOS PRESENTES.

PREGONERO.- (AHORA, SI, EN TONO DE MAYOR ELOCUENCIA) ¡Señoras y Señoras!, ¡damas y caballeros! Permítanos darles la más cordial bienvenida al Hospicio de Charenton, y las más expresivas gracias por haber respondido a nuestra humilde invitación a presenciar la representación teatral que ha preparado para todos ustedes nuestro ilustre y muy apreciado huésped, (CON PERFECTO ACENTO FRANCÉS) Donatien Alphonse François de Sade, quien ya se ha hecho algo famoso entre la intelectualidad de Paris, y que es conocido como El Marqués de Sade. Él ha hecho posible el milagro de que nuestros huéspedes puedan recrear para ustedes algunos sucesos relevantes de nuestra historia... Reciente...

COULMIER. (A LOS ESPECTADORES INMEDIATOS, PERO TODOS OYEN, EL ESPACIO NO ES MUY GRANDE) En realidad, sí vale la distinción de "Marqués" que le adjudica el actor a nuestro huésped, por demás, ilustre. No lo hemos privado de ninguno de sus derechos, aunque, a decir verdad, tampoco le hemos dado un trato distinto al que reciben todos en esta... Casa de Salud.

EL PREGONERO, QUE SE SIENTE INTERRUMPIDO, DA UNOS CUANTOS GOLPES CON EL PUNTERO PARA RECLAMAR DE NUEVO LA ATENCIÓN DEL PÚBLICO.

PREGONERO.- (CIERTA MOLESTIA POR LA INTERRUPCIÓN) El

Marqués de Sade ha escogido como tema de la representación la Persecución y Asesinato de la que fue objeto Jean Paul Marat, quien, promovio que muchas cabezas empolvadas fuesen a dar a las cestas de la guillotina. No se cansaba de predicar que *"para protegerse, un ser humano tiene derecho de atentar contra la propiedad, la libertad, e, incluso, la vida de sus iguales"*

COULMIER.- ¡¿De dónde sacó usted ese texto?! Recuerdo perfectamente que fue uno de los que insistí en que se eliminan de la representacion (A LOS ESPECTADORES) Se eliminaron para que no se fuera a pensar que se trata de un espectáculo político. Aunque se trata de la muerte de Marat, tratamos enfáticamente que el espectáculo se redujera tan sólo a los acontecimientos que la rodearon, no la de predicar las ideas y las consignas que escribía en el periodicucho que dirigía, que no era más que un panfleto, que hacia leer y pegar en todas las esquinas de Paris. ¿Para qué, entonces, repetirlo en el teatro?

PREGONERO.- Pero sí deben conocer nuestros concurrentes que no les haremos una representación convencional. Todo lo contrario, carecemos de los mas elementales instrumentos y oficios para hacerlo. La sala no posee ni escenario ni sillas como las de la "Comedie", o butacas como las de "Vesailles". Por tal razón, pedimos de antemano excusas por las incomodidades que sufrirán durante la representación… (GRANDILOCUENTE, EN FRANCÉS) *¡Et pas plus, Mesdames et Messieurs, nous vous donnons un accueil chaleureux! Les portes du théâtre sont ouverts à lancer le rendu! cification¡* (¡Y Sin mas, damas y caballeros, les damos la mas cordial bienvenida! ¡Las puertas del teatro están abiertas para que comience la representación!

LOS CRIADOS ABREN LAS PUERTAS DE LA SALA DE BAÑOS DE PAR EN PAR E INVITAN AL PÚBLICO A ENTRAR A LA SALA. EL PREGONERO HACE UNA ELOCUENTE REVERENCIA Y SE APARTA PARA QUE EL PÚBLICO INGRESE A LA SALA. ENTRAN PARA ENCONTRARSE DENTRO DE LA SALA DE BAÑO DEL AUSPICIO DÓNDE PODRÁN OCUPAR EL LUGAR QUE DESEEN EN TORNO AL PATIO CENTRAL DE LAS DUCHAS DE LOS… HUÉSPEDES.

3.- LA SALA DE BAÑOS.

LOS MÚSICOS, A SU MANERA, TORPE, INTERPRETAN UNA MÚSICA QUE PRETENDE SER TRIUNFAL. RECUERDA LAS NOTAS DE LA MARSELLESA.

LOS ENFERMOS EVIDENCIAN SUS RESPECTIVAS PATOLOGÍAS, CANTAN UN CANTO QUE RESULTA LITÚRGICO SADE SE ENCUENTRA EN SU MESA REVISANDO SUS NOTAS. ENFERMOS

No hay trigo para comer,
Y muchos lo desperdician,
¿Como seremos felices
Si no existe la justicia?

LOS COULMIER HABLAN ENTRE ELLOS, ESTA CONVERSACIÓN NO TIENE POR QUE TRASCENDER AL PÚBLICO, TAL VEZ LOS MAS CERCANOS LOGREN OÍRLOS, PERO NO ES NECESARIO, (HIPERREALISMO)

COULMIER.- ¿Esa canción no era la que cantan los revolucionarios de antes?

COULMIER.- Si, parece que si, no sabía que el Marqués la había incluido, no aparece en el libreto de la obra…. Se lo consultaré.

MIENTRAS COULMIER SE DISTRAE SALUDANDO A ALGÚN ESPECTADOR QUE CONOCE, LA NIÑA Y LA MADRE REPITEN. CON VARIANTES, LA ESCENA DEL LOBBY. SADE HACE UNA SEÑAL PARA QUE TRAIGAN A MARAT Y OTRA A LOS MÚSICOS PARA QUE CAMBIEN LA MÚSICA. DE MANERA SOLEMNE, DOS O MÁS ENFERMEROS TRAEN A MARAT HASTA LA BAÑERA QUE SE ENCUENTRA MEDIO LLENA.

SADE DA SEÑAS PARA QUE COLOQUEN A CARLOTA. ELLA, EN ESTADO LETÁRGICO, ES CONDUCIDA POR DOS MONJAS QUE TERMINAN DE ARREGLARLA. **COULMIER** SE DIRIGE HASTA EL CENTRO DEL ESPACIO.

COULMIER.- (AL PÚBLICO).- Apreciados amigos, amabilísimas damas y muy ilustrados caballeros, como director de la Casa de Salud de Charenton, les doy la mas cordial bienvenida a todos ustedes, y nuestro agradecimiento por haber aceptado presenciar algo que para nosotros, y para nuestros "huéspedes", reviste una fundamental importancia: una representación teatral llevada a cabo por nuestros propios huéspedes. El Señor de Sade, (LO SEÑALA. ESTE LUCE INDIFERENTE) también entre nosotros, y quien, como veremos, mostrará los adelantos terapéuticos de nuestra institución.

EL PREGONERO TOSE, COULMIER REGISTRA

COULMIER.- Perdonen, ustedes, no es nuestra intención hablar de política. De eso estamos saturados... quise decir, que, en lugar de emplear métodos crueles con nuestros internos, procuramos aliviar su tedio, su clausura, y, sobre todo, sus dolencias (SE APLICA UN TOQUE FUGAZ EN LA SIEN CON EL DEDO ÍNDICE) por medio, (SEÑALA LA SALA Y LOS ORNAMENTOS TEATRALES) como ven, del arte y la cultura...

EL CORO SUBE DE INTENSIDAD.

No hay trigo para comer
Y muchos lo desperdician
¿Cómo seremos felices
Si no existe la justicia?

COULMIER SE DIRIGE A LA SILLA QUE LE CORRESPONDE AL LADO DE SU FAMILIA. EL PREGONERO SE COLOCA EN UN LUGAR VISIBLE Y EMITE UNA SEÑAL CON EL OBJETO DE DAR UNA SEÑAL A LOS MÚSICOS.

PREGONERO.- ¡Señoras y señores... Comienza el espectáculo!...

LOS MÚSICOS TOCAN UNA MÚSICA FESTIVA Y TRIUNFAL QUE DA INICIO AL ESPECTÁCULO.

UNA LUZ MÓVIL SE CONCENTRA SOBRE EL PREGONERO PARA SEGUIR CON PRECISIÓN TODOS SUS MOVIMIENTOS. SIN EMBARGO, TODAS LAS ACCIONES ESCÉNICAS QUE OCURRAN DURANTE SU DISERTACIÓN DEBERÁN SER VISIBLES.

CESA LA MÚSICA

PREGONERO.- Este que ven aquí, metido en su bañera, representa a Marat. Esta próximo a cumplir cincuenta años. El agua de la bañera no sólo le calma la erupción que le agobia la piel, también lo hace con la fiebre que hierve en su cerebro, cosa que le viene también a quien lo interpreta (EN TONO DE SECRETO, INTIMO CON EL PÚBLICO) Sufre una especia de esquizofrenia paranoica, de la cual sólo sabemos que el agua le sienta muy bien....

LOS SERVIDORES VACÍAN EN LA BAÑERA DOS NUEVOS BALDES DE AGUA. SIMONA SE INCLINA CON UN GESTO RÍGIDO SOBRE MARAT Y LE CAMBIA LA VENDA.

La señora que lo acompaña es Simona Evrard, su mujer. Nunca llegaron al altar, ¿Para que? dijeron, sólo el amor basta para llenar una cama. La Revolución los hace indiferentes a los prejuicios. (A CARLOTA) Pero, tienen otros, ¿No es así, Mademoiselle Corday?... ¡Ella es Carlota Corday!

SEÑALA A CARLOTA CORDAY. ENFERMEROS O MONJAS LE ARREGLAN TORPEMENTE EL VESTIDO Y LE COLOCAN UN SOMBRERO CON VOLANTES, QUE CAEN Y CUBREN PUDOROSAMENTE SUS PECHOS.

Proviene de una familia muy respetada de la provincia francesa. Tan revolucionaria como Marat, pero ella cree en la vida, Marat la reserva sólo para quienes están con él, o piensan como él... La enferma que la interpreta...

COULMIER.- (INTERRUMPIENDO) Me gustaría que se suprimiera ese vocablo de la representación teatral, pues la hemos erradicado de nuestra institución. Ya no tratamos a nuestros huéspedes como enfermos, sino como huéspedes respetables.

PREGONERO.- Rectifico, entonces, "la paciente" que la interpreta muestra un parecido muy grande con la Carlota Coray real, la jovencita que llegó de Caén dispuesta a asesinar a Marat. En algunos ensayos ha logrado hacerlo bien, por lo que podríamos pensar que delante de ustedes logre lucir sus cualidades, que, en verdad, las tiene, a pesar de su dolencia... (ANUNCIANDO, EN TONO ALTO) Carlota Corday ocupa su lugar...

CARLOTA NO LO OYE. DEJA CAER LA CABEZA HACIA ATRÁS, CON LOS OJOS CERRADOS.

EL PREGONERO.- (REPITE, EN UN TONO MAS ALTO) ¡Carlota Corday ocupa su lugar!...

LES HACE SEÑA A LOS ENFERMEROS PARA QUE LA TRASLADEN AL LUGAR DEL CUADRO VIVO DE LA REPRESENTACIÓN. ELLA, DORMIDA, SE DEJA LLEVAR. EL PREGONERO SEÑALA A DUPERRET.

PREGONERO.- Este que está aquí (SE ACERCA A DUPERRET) a pesar de su aristocrática condición, tiene un buen corazón. El Diputado Duperret intentará salvar a Carlota del patíbulo, pero de nada servirán sus influencias ante las sospechas que recaen sobre él y las listas negras en las que se encuentra su nombre.

DUPERRET ARREMETE ERÓTICAMENTE EN CONTRA DE CARLOTA. EL PREGONERO LO TOMA POR LA CHAQUETA Y LO APARTA. LAS MONJAS SE LO LLEVAN A LA FUERZA.

Su intérprete tiene otras intenciones.

EL PREGONERO SE DESPLAZA HACIA EL SITIO DONDE SE ENCUENTRA ROUX, QUIEN, AUNQUE TRANQUILO.

Este paciente que esta aquí es tan extremista como el personaje que interpreta. Jacques Roux comenzó su vida política como sacerdote, pero no pudo reconciliar sus creencias personales con las que imponía, y, sobre todo, ejecutaba, (MÍSTICO) la "Santa Madre Iglesia". Eligió integrarse al tumultuoso mundo político de la Revolución, con ideas que pudieran resultar odiosas a quienes han "acumulado" bienes a partir de quienes carecen de ellos.

COULMIER.- (CORTÉS) Espero que se haya cortado la parte en la que Roux exige que se abran los graneros para aliviar el hambre del pueblo, y que los talleres y las fábricas pasen a ser del pueblo. Esas son aseveraciones terribles, que pueden resultar odiosas para oídos sensibles...

ROUX.- (ENAJENADO, DESPERTANDO DE GOLPE) ¡Que se abran lo graneros!, ¡que se abran los graneros! ¡Queremos las fábricas! ¡Queremos las fábricas!

LOS ENFERMOS COMIENZAN A DAR POCILLAZOS

ENFERMOS (REPITEN CON ARDOR)
¡Queremos las fábricas!
¡Queremos las fábricas!

COULMIER SE LEVANTA.

COULMIER.- (CON VOZ POTENTE) ¡Silencio!...! Silencio!

DOS ENFERMEROS REDUCEN A ROUX. PASAN LAS CACHIPORRAS POR LAS REJAS, LOS ENFERMOS ASUSTADOS, HACEN SILENCIO.

PREGONERO.- (A SADE, PROVOCATIVO) ¿Que tiene que decir a eso el Señor Marqués?

SADE, LACÓNICO, SE MANTIENE MISTERIOSA Y SONRIENTEMENTE ENIGMÁTICO.

PREGONERO.- (POR SADE) Reside entre nosotros desde hace cinco años. Tuvo fama infame y objeto de miles de pruebas, perjuicios y daños. Esta obra es producto de su celebrado, aunque, a veces, incomprendido, talento. (HACIA COULMIER) Esto me lo indicó el Sr. Marques a última hora, ¿No le importa que lo exprese de esta manera?

COULMIER.- Si acaso ha sido incomprendido no lo ha sido por nosotros, pues sentimos por él un gran respeto, y, diría que hasta admiración, aunque no podemos negar sus excesos, algunos de sus escritos han sido muy difundidos...

SIMULTÁNEO AL DESARROLLO DEL PREGONERO, LOS COULMIER HABLAN ENTRE ELLOS.

SRA. COULMIER.- (BAJO, A SU MARIDO) Deberían haberlas quemado todas...

COULMIER.- (BAJO) ¡Cállate, Leticia!...

NIÑA.- Papá, mamá, me quiero ir....estos locos me dan miedo...

COULMIER.- (BAJO) Niña, si no obedeces, vas a recibir un castigo terrible....cálmate, que ya falta poco...

SRA. COULMIER.- No le hables así a la niña, que esta nerviosa... ¿no es eso lo que le tratas a los locos de este manicomio? Con tu hija podrías hacer lo mismo.

COULMIER.- ¡No son locos!, Leticia, algunos ya han sanado

SRA. COULMIER.- Entonces, ¿que hacen aquí?

COULMIER.- Ya están a punto de salir....

SRA. COULMIER.- ¡Como no saquen al Marqués!... Deberían dejarlo de por vida...

COULMIER.- ¡Shisssss!!!.

SADE GIRA HACIA A EL Y SONRÍE. LE HACE SEÑAS AL PREGONERO PARA QUE CONTINÚE, RESTÁNDOLE IMPORTANCIA AL COMENTARIO DE COULMIER.

PREGONERO.- Razón por la que algunos han ido a parar a la hoguera.... (TR.) Y sin decir una palabra mas, démosles paso, entonces, a la representación...

REDOBLE DE TAMBOR, TIPO CABARET. SOBRE EL REDOBLE LOS

ENFERMOS CANTAN MUY BAJO UNA CANCIÓN INFANTIL, DE CUNA Y LA PROLONGAN DURANTE TODA LA ESCENA.

ENFERMOS

No hay trigo para comer

Y muchos lo desperdician

¿Como seremos felices

Si existe la injusticia?

EL PREGONERO SE ACERCA SIGILOSO A MARAT, ADORMILADO.

PREGONERO.- Hace cinco años que para el gran líder de La Revolución Francesa, después de algunos de los que inspirasen y antes de que muchos lo siguiesen, comenzó la noche mas larga de su existencia. ¡Eterna!. (EN VOZ BAJA) Parecería que duerme,... (VERIFICA) pero no duerme, piensa... Su cerebro se mantiene activo, vivo, sangrante, igual que su piel...

MARAT SE RASCA CON FRUICIÓN.

MARAT.- ¡Simona... Simona...me arde!...

SIMONA CORRE HACIA EL, MOJA UNA VENDA Y LE FROTA LA PIEL. EL PREGONERO SE ACERCA A CARLOTA

PREGONERO.- Se dice que no fue ella quien ideó el siniestro plan, tan sólo la mano que empuñó el arma que clavaría certera en el pecho del desafortunado Marat.

CARLOTA, RECOSTADA DE ALGÚN LADO, SE ENCUENTRA PROFUNDAMENTE DORMIDA, EL PREGONERO LE DA UNA LIGERA PALMADA EN EL CACHETE. ELLA SE DESPIERTA SOBRESALTADA.

PREGONERO.- Lo primero que hizo al llegar fue adquirir el arma asesina. Paris estaba llena de tiendas que podían proveérsela.

ELLA SE DESPLAZA SOMNOLIENTA POR ENTRE LAS PENUMBRAS, PLENAS DE PERSONAS, DE HOMBRES QUE LA ACOSAN. ELLA LOS APARTA.

Escogió el día de en el que Marat revivía la primera gran victoria de la Revolución...

COULMIER.- Señor Marqués... Sade... le pido por favor que impida los excesos...

LE HACE SEÑAS A DOS ENFERMEROS PARA QUE TRATEN DE
CONTROLAR LA SITUACIÓN, REDUCIENDO A LOS ENFERMOS, LO
CUAL NO HACE MAS QUE EXCITARLOS MAS.

ROUX.- ¿Quienes son los dueños de los mercados y de las fábricas?..
¿Quiénes son los que imponen los precios y explotan a los
consumidores y al pueblo?, ¿por qué cierran los graneros y acaparan
el trigo para venderlo después a precio mas altos?, ¿Por qué juegan
con el hambre de los necesitados?

COULMIER.- (ALTERADO) ¡Sr. Danatiens, le advertí que esto no podía
ser más que teatro, una representación que sirva para alentar la
curación de nuestros pacientes, no para que revivan sus amarguras y
sus penas. Me parece cruel, siniestro y hasta perverso de su parte
utilizar un acto de representación para exaltar los ánimos con cosas
que no son de interés de nuestros visitantes. Ellos sólo vinieron a
pasar un rato agradable y a verificar nuestras técnicas curativas.

SADE.- Esto no es más que el inicio, Sr. Coulmier.

ROUX.- (SIGUE EN LO SUYO, IGUAL DE VEHEMENTE) ¿Quien ha
estado acaparando la comida? Hay que revisar los graneros y repartir
la comida entre la gente del pueblo que no come, mientras que los
que lo explotan se enriquecen y se alimentan de su sangre.

COULMIER.- ¡Por favor, Monsieur Sade!. El argumento de la
representación se centraba en el momento en el que Carlota llegaba a
Paris y manifestaba su disgusto ante Marat, incluso, habíamos
admitido que hiciera el acto de matarlo, puesto que así ocurrió en
verdad, y no podemos negar los hechos, pero no en consignas que
pudieran ser mal interpretadas por nuestros ilustres invitados.

MARAT.- (ESCRIBE Y SE RASCA CON DESESPERACIÓN) ¡Simona,
Simona, cámbiame la venda! Me arde la piel, Simona, se me abre, me
sangra. Debo terminar esta misma noche... debe salir publicado
mañana...

SIMONA.- ¡Jean Paul, te estás destrozando la piel, no escribas mas,
descansa, deja eso para mañana!

MARAT.- ¡Para mañana es tarde, Simona!. ¿Dónde está la proclama del 14 de julio dirigida a la nación francesa?

SIMONA.- (LLOROSA) ¡Estas sangrando, Jean Paul!

MARAT.- Es mucha la sangre que tiene que correr aun, ¿que importa que la haga la mía también? Parecía que solo bastaría un centenar de muertes, pero ni siquiera millones serán suficientes... Muchos deben morir, por aquí, por allá, por todas partes... (FEBRIL) deben ser buscados donde quiera que estén y ser ajusticiados... Son unos traidores, unos hipócritas. Se hacen pasar por revolucionarios, se visten como revolucionarios, hablan como revolucionarios, pero debajo de sus camisas esconden los emblemas de la Monarquía. Dicen que están con nosotros, pero son los primeros en protestar cuando los que no tienen que comer, saquean a los que no tienen donde vivir, se apoderan de las propiedades que son del pueblo. Se van a las fronteras con los enemigos de la nación a esperar el momento para invadirnos. Hay que hacerlos desaparecer. Saber quiénes son, tenerlos presentes, escribir sus nombres y colocar las listas en todas las esquinas, para que puedan ser reconocidos dónde quiera que estén. ¡Traicionan la Revolución que dicen defender!

CORO DE ENFERMOS CANTA UNA CANCIÓN INFANTIL

¡Simona, me arde la cabeza, me ahogo, no puedo respirar, me ahogo, ya no puedo ni respirar! El pueblo se atraganta dentro de mí, sangra en mi piel. (GRITO DESESPERADO) ¡Simona, me arde la revolución!... (SE YERGUE, VOCIFERANTE) ¡Yo soy la revolución, Simona, Yo soy la revolución...!

MÚSICA DESBORDADA Y ATONAL QUE RECUERDA LA MARSELLESA.

PREGONERO.- (APURÁNDOLA) ¡Es tu turno, Carlota! ¡Es tu turno de dar el primer paso! Debes llegar a Paris y comprar el arma con la que has de matar a Marat.

DE LAS ALCANTARILLAS SALE HUMO, LAS LUCES SE CONTRASTAN CREANDO UN AMBIENTE SÓRDIDO, PROPIO DE LOS BAJOS FONDOS DE UNA CIUDAD. LOS ENFERMEROS AYUDAN A CARLOTA A PONERSE EN PIE. LA ACARICIAN. ELLA RECHAZA TODOS LOS ROCES Y SIGUE AVANZADO, COMO SI ESTUVIERA PERDIDA. LOS ENFERMOS

SE PASAN UNOS A OTROS UNA PELOTA DE GOMA A LA CUAL LE HAN APLICADO APLIQUES CAPILARES, SIMULA UNA CABEZA HUMANA.

CARLOTA.- (SOBRE EL CORO DE ENFERMOS)
¿Qué ciudad es ésta dónde
Apenas el sol puede cruzar la bruma?
Y no es bruma de niebla ni de lluvia.
Es un vapor caliente y muy espeso
Como la de los mataderos.
¿Por qué esos alaridos?
¿Quienes se arrastran detrás de ellos?
¿Qué cabeza son esas que relucen
En las puntas de las picas?
¿Por qué saltan y bailan?
¿Qué risa los sacude?
¿Qué tienen que aplaudir?
¿Por qué los niños chillan como pájaros?
¿Qué es esa pelota por la que se pelean?
¿Una cabeza humana?
¿Qué ciudad es ésta
Dónde hay carne desnuda tirada por los suelos?
¿Qué rostros son aquellos?
(RECITATIVO) Pobre Marat,
Te devora la infección,
Te pudres por dentro
Y te sangra el corazón,

Aniquilas la esperanza,

Pisoteas la ilusión.

Hablas, Marat, de traición,

Pero conviertes la historia,

En cultivo para tu ambición.

Vas a morir, matando,

Y matando, serás el primero en morir,

Tal como tu propia voz lo proclama,

Como lo dice tu voz,

Que a través de ti arde la llama,

De lo que llamas revolución,

Cuidado, Marat, cuidado,

Porque detrás de las piedras

se esconden

Los fantasmas de la traición.

EL PREGONERO GOLPEA TRES VECES EL SUELO CON SU PUNTERO Y SEÑALA A CARLOTA CORDAY. SIMONA SE INTERPONE ENTRE EL PREGONERO Y LA BAÑERA. CARLOTA SE MANTIENE DETRÁS DEL PREGONERO.

PREGONERO.- (GRANDILOCUENTE) ¡Carlota Corday visita por primera vez a Marat!

CARLOTA.- (ADORMECIDA) He venido a hablar con el ciudadano Marat. Tengo noticias importantes que darle de los conjurados de donde vengo.

SIMONA.- Si quiere comunicarle algo, dígaselo por escrito.

CARLOTA.- Lo que debe saber solo debe quedar escrito en su pecho con este puñal que llevo escondido en el mío. (LO MUESTRA). Debo hundírselo con mucho amor en su carne infecta y en su corazón funesto...

SIMONA SE ENCUENTRA PARALIZADA.

SADE.- (LA DETIENE) ¡Todavía, no, Carlota!. Recuerda que no es en la primera visita. Debes llegar tres veces. Es en la tercera en que lo asesinas.

CARLOTA SE QUEDA DORMIDA CON EL PUÑAL EN ALTO, SADE HACE SEÑAS PARA QUE LAS ENFERMERAS LA TRASLADEN A OTRO SITIO.

MARAT.- ¡Simona, cierra la puerta! no quiero ver a nadie!. Debo terminar esta proclama antes de que los enemigos logren lo que se proponen. El Pueblo debe conocer quienes son sus verdaderos verdugos, quienes quieren exprimirles hasta la última gota de sangre del cuerpo… (EUFÓRICO) Esta revolución no se detiene, porque ya está en manos de sus verdaderos dueños… los que actúan con violencia no lo hacen para robar, ni para usurparle los derechos a nadie, sino para evidenciar los que les corresponden. Sus enemigos lloran ahora por la sangre que derraman, pero nunca lo hicieron por la que le hicieron derramar al pueblo

LA GUILLOTINA CAE APARATOSAMENTE.

TODOS.- ¡Hummmmm!

LA PELOTA VA A DAR A LOS PIES DE LA MUJER DE COULMIER, QUIEN SE LEVANTA SOBRESALTADA. LA HIJA TAMBIÉN SE LEVANTA, PERO A DIFERENCIA DE SU MADRE, Y AUNQUE TAMBIÉN SORPRENDIDA, SE NOTA ALGO MAS DIVERTIDA. RÍE CON UNA LIGERA INCONTINENCIA. LOS ENFERMOS SE AGITAN, HASTA QUE CON EL DESARROLLO DE LA ESCENA ALCANZAN UNA CASI DEBORDA SOBREEXITACION.

MARAT.- ¿Qué importa que se sacrifiquen unas cuantas vidas humanas? también eran humanos los que morían en las guerras, en la cárceles, en campos, en las tierras en las regaban el trigo que sembraban con su propia sangre. ¿Por qué se lamentan de unos cuantos saqueos por quienes nunca les permitieron tener dónde refugiarse del sol, de la lluvia y de la nieve inclemente…?

COULMIER.- ¡Señor de Sade, esto no puede continuar así! Esto no contribuye en nada a la representación. Esto no ha hecho mas que excitar a los pacientes cuando que de los que se trata es de tranquilizarlos, y por nuestra parte, mostrar el adelanto que han conseguido en nuestra institución. Le ruego, por favor, que rectifique. Se muestran como si fueran forajidos, criminales y escorias humanas, y eso no es lo que queremos, ya muchos de ellos, por no decir todos, han dejado de ser personas enfermas.

SADE.- Si, es cierto, Monsieur…. Espero que no vuelva a ocurrir

COULMIER SE SIENTA.

ENFERMOS.- (CORO LITÚRGICO QUE SE PROLONGA A LO LARGO DE LA ESCENA) La misericordia del señor será la salvación. Todos los hombres, sin distinción Alcanzarán la gracia del cielo y el perdón.

SADE.- Míralos, Marat, no te molestes en suponer que sufren los que supones castigar con el cadalso. Al contrario, disfrutan enardecidos en sus desgracias. La tragedia a la que supones los has conducido la disfrutan tanto como antes lo hacían con los bienes que ahora les arrebatan. Suben con júbilo y goce hacia su propia muerte. Dime, si esto no es el colmo de la corrupción...

MARAT.- Suponen que la muerte es el principio de una nueva vida, como se lo han inculcado desde el mismo momento de su nacimiento...

SADE.- Idea que La Naturaleza no comparte, porque es indiferente a la vida, porque lo único que le interesa es la destrucción. Sólo nosotros le damos importancia a la vida, y nos duele el sufrimiento, porque lo reconocemos como doloroso, y tenemos conciencia de él. La naturaleza, por el contrario, podría asistir sin inmutarse al exterminio de la raza humana. Por eso resulta odiosa y debe ser vencida con sus propias armas y hacerla caer en las mismas trampas que ella nos tiende, (CRUEL) con su misma furia, con su mismo sentido de la destrucción, que supone que el débil debe estar sujeto a los caprichos del más fuerte. Nuestras armas actuales resultan pueriles. No hago más que recordar el martirio de Damiens, luego de su fallido atentado en contra del difunto Luís XV, Y lo veo disfrutar subiendo al patíbulo, soportando las torturas que se le Practicaron antes de que decidieran ejecutarlo. El pueblo estuvo presente en su agonía... (CON EL MAYOR SENTIDO DE LA CRUELDAD)... Le abrieron el pecho, los brazos y Las piernas, le echaron plomo derretido en las heridas, lo regaron con aceite hirviendo, con cera derretida, lo empolvaron de azufre. Le colocaron las manos en una hoguera, antes de amarrárselas, junto con las piernas, a las colas de cuatro caballos, a los cuales fustigaron para que avanzaran en direcciones opuestas, pero aun así, no pudieron descuartizarlo, lo cual sólo lograron aserrando cada uno de sus miembros, y cuando ya no quedaba más que una cabeza unida a un tronco sangrante, y, aun con vida, volvió su mirada hacia nosotros, y gritó para que lo escucháramos, usando en su voz la poca vida que le quedaba....

ROUX.- (SIMULTÁNEAMENTE A SADE) Nuestra misericordia abraza a todos los hombres por igual, en la pobreza, en la miseria, en el sacrificio, porque así lo hizo nuestro salvador, y ese es el ejemplo que debemos seguir para, también, como él, conseguir la gracia divina....

SADE.-...Volvió los ojos hacia el crucifijo que le tendía el confesor, condenando lo que simplemente no era mas que una hermosa pasión, convirtiendo una muerte individual en un lamentable espectáculo público, en un acto vulgar y rutinario, decretado para ser ejecutado en masa, de la misma manera como lo hace la naturaleza, suponiendo que la muerte es tan banal como lo es la misma existencia.

ROUX.- (CONTINUA SU DISCURSO. ALZA LOS BAZOS EL CIELO) ¡Dios... protege a tus siervos, a los humildes al bienaventurado para que alcancen tu reino!

LOS ENFERMOS SOMETEN A ROUX Y LE COLOCAN UNA CAMISA DE FUERZA. Y LE CUBREN LA BOCA CON UN TRAPO.

MARAT.- (ENSIMISMADO, TRATANDO DE EXTRAER ALGUNA IDEA DE SU EXTRAVIADO CEREBRO) Es la pasividad de los aristócratas la que hace suponer que la naturaleza es indiferente a la vida, cuando que es ella la que la hace posible. La piedad hacia la victimas de la historia enaltecerá la vida de todos.

SADE.- (CONVINCENTE) La piedad, Marat, siempre ha sido patrimonio de los privilegiados, sean unos o sean los otros, y cuando esa piedad se inclina a la limosna, no hace mas que evidenciar desprecio, y aquellos a quienes se les otorga, en lugar de un beneficio, lo que reciben es una patada en el culo. Eso si es mezquino, Marat.

COMIENZA A ESCUCHARSE AL ÓRGANO UNA MÚSICA CELESTIAL.

MÍSTICA, SUBLIME.

ROUX LOGRA CON LA REJA RETIRARSE LA VENDA QUE LE CUBRE LA BOCA.

MARAT.- (SE LEVANTA) Los curas eran testigos de la injusticia, y se callaban y proclamaban:

ROUX.- ¡Nuestro reino no es de este mundo! ¡Este es un mundo de paso, de dolor y sufrimiento. Tengamos paciencia, tengamos calma, la salvación vendrá cuando no la esperemos, mientras tanto…

ROUX Y MARAT, CADA UNO POR SU LADO A SU PROPIA VOZ.- … No importa la miseria, porque nuestro redentor fue miserable también, nació, vivió y murió miserable, la humildad lo hizo merecedor de ser el hijo de Dios.

MARAT.- Y se embolsaban lo poco que tenían los pobres, predicándoles el dolor.

UNOS ENFERMOS LE ARREBATAN EL PUNTERO AL PREGONERO. UNO DE ELLOS, QUE VISTE UNA TÚNICA HARAPIENTA, LE HAN COLOCADO UNA ESPECIE DE CORONA DE ESPINAS. SE COLOCA EL PUNTERO SOBRE LOS HOMBROS, DE FORMA HORIZONTAL, COMO SI FUESE UN YUGO, COMO UNA PESADA CRUZ. LA PROCESIÓN SE DIRIGE A LA REJA, DONDE SE ENCUENTRA LA GUILLOTINA, EN CUYO CADALSO SE ENCUENTRA ROUX, ENVUELTO EN HUMO.

ROUX.- (ENARDECIDO) ¡Sufran desgraciados, sufran como Él lo hizo en la cruz. Así lo quiere Dios. Eleven sus manos al cielo y soporten en silencio el castigo que El les tiene reservado, porque detrás de Él viene la gracia del paraíso, el mismo que perdimos por nuestros pecados, vuestros verdugos de ahora no son mas que el camino para la salvación de sus almas. Ruéguenle a Dios para que él los proteja y lo hagan también con todos los que ahora los explotan y los mantienen en la miseria.

UNA MONJA SE DA GOLPES DE PECHO CON LA CACHIPORRA EN LA QUE CULMINA LA LARGA Y PESADA RISTRA QUE CUELGA DE SU CUELLO. SUFRE UN ATAQUE EPILÉPTICO.

MONJA.- ¡Satanás que estás en los infiernos!

Venga a nos el tu reino,

Hágase tu voluntad

Así en la tierra como en el infierno.

Perdónanos nuestra inocencia,

Líbranos del bien

Y déjanos caer en la tentación

Por los siglos de los siglos

TODOS.- ¡Amén!.

LOS ENFERMEROS Y LA OTRA MONJA ARRASTRAN A LA QUE CONTINÚA COMPULSIVA Y CON LA LENGUA MORDIDA.

COULMIER.- (FÚRICO) Señor de Sade, estuvimos de acuerdo en no tocar aspectos relacionados con algún asunto religioso, ¿Por qué no hizo lo convenido? A pesar de que en alguna oportunidad la Iglesia pudo haber sido cuestionada, las épocas ahora son distintas. Nuestro Emperador ha considerado conveniente contar con la colaboración del Clero para consolar las penurias que vive la gente humilde, que son muchas, y producto. Como bien sabemos. De ciertos desmanes del pasado. Además, ¿A que viene eso de endilgarle a la iglesia responsabilidad alguna en tales sufrimientos? Cuando que, por el contrario, no ha hecho otra cosa que obras de caridad, colectas de ropa usada, comedores...

COMIENZA EL CORO MARSELLEZCO Y SE ENTREMEZCLA HASTA EL CLÍMAX CON EL DISCURSO DE MARAT.

... No es con tu pluma con lo que romperás el orden reinante, es la acción la que podrá cambiar el rumbo de la existencia. Estamos tan intoxicados de las ideas que nos han transmitido durante generaciones, que ni siquiera los mejores entre nosotros llegan a liberarse de ellas. Hemos inventado la Revolución y no sabemos todavía cómo servirnos de ella. La Convención jamás será otra cosa que una suma de personas, ciegas, conducidas, cada una, por su propia ambición. ¿Como podremos avanzar si sumamos, o anteponemos a los verdaderos derechos del hombre, el también sagrado derecho de enriquecernos?

CANCIÓN: LA MARSELLESA CANTADA COMPLETA, RESONANTE,

PLENA, TRIUNFAL.

EL HUMO CON LOS COLORES FRANCESES, INVADEN EL SECTOR DE LA REJA. QUEDA TAN SOLO UNA LUZ QUE ROMPE LA NIEBLA Y QUE CAE SOBRE CARLOTA, OTRA SOBRE MARAT. LOS COULMIER, AL IGUAL QUE SADE, PERMANECEN DÉBILMENTE ILUMINADOS.

SEGUNDA PARTE

EL PREGONERO SE DIRIGE AL PÚBLICO EN TONO ÍNTIMO.

PREGONERO.- **(SOBRE EL SILENCIO)** Le toca el turno ahora a la bella y audaz Carlota Corday, en el momento en que solicita el consejo "desinteresado" del diputado Duperret...

DUPERRET TOMA A CARLOTA POR DEBAJO DE LOS BRAZOS, SIN DEJAR DE MANOSEARLA. ELLA LO ESQUIVA, PORQUE TAL ACCIÓN PERTURBA SU SUEÑO.

CARLOTA.- (LE CUESTA ABRIR LOS OJOS, RECITATIVA) Querido Duperret... (DUDA, VUELVE A EMPEZAR)... Querido Duperret... ¿qué podemos hacer ante esta desgracia que nos ahoga? Todos saben las intenciones de Marat... el Terror de los jacobinos. Robespierre, acaba con una parte de Francia y Marat, si lo nombran dictador, lo hará con la otra. (ENÉRGICA) ¡Francia!

LOS ENFERMOS, EXCITADOS, MAS POR EL MANOSEO DE DUPERRET QUE POR LA PROCLAMA DE LA JOVEN, HACEN SONAR POCILLOS Y PALOS CONTRA LAS REJAS. COULMIER REACCIONA.

COULMIER.- Señor, de Sade, por favor, Señor de Sade... ¿No percibe la excitación de los pacientes?... (CORRIGE) quiero decir, Huéspedes?

DUPERRET.- (CON PASIÓN AUNQUE CON EL MISMO ESTILO RECITATIVO, SIN DEJAR DE MANOSEARLA) Carlota, vuelve a tu pueblo, a tu vida pastoral, vuelve a tus oraciones. Ya todo está decidido.

UNA DE LAS HERMANAS TRATA DE EVITAR EL MANOSEO DE DUPERRET.

DUPERRET.- Marat es un resentido. La revolución les abrió las puertas de la gloria, y él solo busca en ella la venganza. Tú serás su víctima, no tendrá piedad de ti... ¿quién es Marat? Un don nadie, tal vez, judío, que solo busca la destrucción de quienes, cuando temblaba de frío en las alcantarillas de Paris, recibía escupitajos cuando caminaban en las aceras. Ahora se abraza a la venganza. No seas tú su próxima víctima

CARLOTA. - (DE PRONTO LÚCIDA Y ENÉRGICA, ILUMINADA) Yo se muy bien lo que tengo que hacer. (SIN SABER LO QUE DICE, PERO ENTONADA) Yo vengo de Caén a cumplir una misión. Una misión que para mi será la destrucción, pero, para muchos otros, la salvación. Así como lo hizo Esther, yo también puedo acabar con la represión.

INTENTA LIBERARSE DEL ABRAZO DE DUPERRET. LO LOGRA AYUDADA POR LAS MONJAS. DUPERRET APASIONADO, CAE DE RODILLAS Y ENLAZA LAS PIERNAS DE CARLOTA, COMO REPRESENTANDO UNA ESCENA DE ALGÚN MELODRAMA PARISINO.

El fin está próximo, el país esta cercado. Francia tiene tantos enemigos afuera, acechando en sus fronteras, como adentro....

EL PREGONERO LO GOLPEA CON EL PUNTERO.

Esa chusma manejada por Marat no podrá aguantar mucho tiempo. Son unos advenedizos, unos fanáticos sin educación y sin cultura. No soportarán la primera embestida.

SE INCORPORA, E INTENTA BESAR A CARLOTA, ELLA SE SEPARA VIOLENTAMENTE. LAS MONJAS ACUDEN EN SU AYUDA, Y LA LLEVAN AL BANCO. LOS ENFERMEROS SOMETEN A DUPERRET. SADE AVANZA HACIA LA BAÑERA. LE HABLA A MARAT EN TONO CONFIDENTE.

SADE.- Todos desean el bien de Francia. Tú, por tu lado a tu manera y los que te adversan, a la de ellos. Todos se creen patriotas. Cultivados o incultos, radicales o moderados, todos desean sangre para salvarla. Unos apresan, condenan y decapitan, suponiendo que hacen justicia, otros lo hacen en las mesas de las negociaciones, vestidas y perfumadas. ¿Comprendes las aberraciones que se cuelan en eso que llaman "Amor a la Patria"?. Hace ya mucho que yo me desprendí de ese heroísmo, y ahora me río de esta nación, como me río de todas las naciones del mundo.

COULMIER.- Vivimos tiempos imperiales, Monsieur De Sade, cuidado con confundir lo que ocurre en la actualidad con épocas pasadas, incluso con aquella en las que éramos súbditos de majestades monárquicas. Ahora somos un gran país, no lo olvide. Nuestro Emperador se ha ocupado de ello.

SE MUEVE O SEÑALA HACIA LA ENORME FOTOGRAFÍA DE NAPOLEÓN QUE CUELGA DE UNA PARED OPUESTA A LA REJA, Y LA SEÑALA CON ORGULLO. A CONTINUACIÓN UN ENFERMO CON LAS MANOS AMARRADAS A LA ESPALDA SUBE AL CADALSO.

SADE.- Sólo creo en mí mismo. Me dan risa todas las buenas intenciones de quienes quieren transformar al mundo. Acaban todos en un callejón sin salida, en una misma forma de expoliación, de explotación. Yo no hablo de igualdad, porque la detesto, como detesto también las abismales diferencias que nos alejan y nos hacen inaccesibles.

MARAT.- (SERENO) ¿Dónde estás por fin?... Hemos detectado a los canallas que se alimentaban con nuestra carne. (SEÑALA LA GUILLOTINA) A muchos los hemos puesto para siempre lejos de toda posibilidad de fastidiarnos.

LA CUCHILLA CAE ESTREPITOSAMENTE. EL ENFERMO CAE. TODOS GRITAN. CARLOTA DESPIERTA, SOBRESALTADA

CARLOTA.- ¡Viva la Revolución! ¡Viva la Revolución!...

LETICIA LLEGA EN ESE INSTANTE DEL BAÑO. SU HIJA LUCE DIVERTIDA.

LETICIA.- ¿Qué dijo?

HIJA.- ¡Viva la Revolución!

ROUX SE EXCITA DE PRONTO

ROUX.- ¡Que se abran los graneros!

ENFERMOS.- (MOTIVADOS POR LA VARIEDAD DE ESTÍMULOS) ¡Queremos las fábricas!

MARAT.- Otros dicen querer las nuevas formas de vida. Algunos que estuvieron con nosotros, vuelven a buscar refugio en las viejas y decrépitas glorias del pasado.

SADE.- Para la nueva burguesía, la Revolución sólo representa sus intereses. Se hicieron ricos, y beben y disfrutan el vino que le arrebataron a quienes ya no tienen cabeza para beberlo, y el que le arrebataron a los curas que se quedaron sin misas y sin iglesias, pero el pueblo continúa lleno de privaciones.

COULMIER.- Esas son ideas muy personales, Monsieur de Sade. Yo diría que es preferible dejar que los acontecimientos sean expuestos sin la intervención de sus puntos de vista, que, como bien conocemos, no son del todo objetivos.

SADE.- ¿Algo en la naturaleza lo es? ¿Lo es acaso la forma como ella se destruye a si misma? ¿lo son las aguas que se elevan sobre pueblos, tragándoselos por completo? ¿Lo son acaso los mas fuertes cuando acaban con los que no pueden ofrecerles resistencia?... ¿Dónde queda Dios en todo esto? En todo lo creado, en la realidad que vemos al despertar, pero esa realidad es triste, como para continuar durmiendo. ¿Dónde está, Marat? ¿tú lo sabes?

MARAT REACCIONA VIOLENTAMENTE

MARAT.- (CATEGÓRICO) ¡En la voz del pueblo! En la Tierra, que es donde está el verdadero Paraíso, y también en el mi mismo infierno, al que nos han llevado todos los que nos han mentido, y robado nuestras pertenencias, y se comen la comida cultivada en suelos que regamos con nuestra propia sangre.

ROUX USA EL CADALSO COMO PÚLPITO.

ROUX.- ¡A las armas! ¡hay que arrebatarles todo lo que nos deben! Si no lo hacemos ahora, tendremos que esperar siglos para hacerlo, en los que no se cansarán de seguir explotándolos...

LOS ENFERMOS CAMINAN HACIA EL CADALSO.

Y despreciándolos, porque no les han permitido aprender a leer y a escribir. Para la Revolución ustedes valen mucho, porque se hace en nombre de ustedes, y el sudor que les exprime la piel sirve para el trabajo. Pero fuera de ella, apestan, y se tapan las narices, cuando están al lado de ustedes. Por eso los mantienen abajo, lejos de las miradas de quienes nadan en la abundancia, en el lujo y el despilfarro. Para ellos, ustedes siguen siendo los mismos incultos y sucios de siempre. ¡Despierten a la nueva era! ¡Levántense ante ellos! ¡Enséñenle cuantos son ustedes y cuanto valen!

LOS ENFERMOS SE INQUIETAN Y AGITAN. HACEN RUIDOS, LOS ENFERMEROS Y LAS MOJAS TRATAN DE SOMETER A ROUX

COULMIER.- (SOBRESALTADO) ¡Señor de Sade! No puedo permitir que se digan esas cosas, se presta a confusión, porque los invitados tal vez no comprendan con exactitud a cual época hace referencia el actor. No sabemos si se refiere al "terror" revolucionario, implantado por Robespierre y su gente, entre los que se contaba Marat, época terrible, por cierto, o a la que vivimos en la actualidad.

SRA. COULMIER.- (LEVANTÁNDOSE) Debemos irnos. Esto ha terminado por inquietarme, y ponerme nerviosa. Vamos, hija... Esto parece una subversión. Ya tuvimos en el pasado suficientes torturas, muertes y discordias. Ahora que vivimos tiempos felices, no tendríamos que recordar esas cosas. Coulmier, no estoy de acuerdo con estos métodos de curación. Parece que con la locura justificaran la insolencia y el irrespeto al Emperador... (A SADE) Muy astuto, Señor de Sade, disfrazar sus verdaderos sentimientos, y poner en boca de estos infelices enfermos cosas que bien podrían ser leídas en sus infames escrituras, que, por fortuna, muchas han sido destruidas.

COULMIER.- No son enfermos, Letizia, son huéspedes...

SRA. DE COULMIER.- ¡Son locos y endiablados, y me enervan y me hacen enfadar!...

COULMIER.- (A SU MUJER E HIJAS, PARA TRANQUILIZARLAS) Se trata de una representación, tengámosles paciencia. Recuerda que no tienen experiencias en el arte de la interpretación, y tal vez no dicen sus parlamentos con la intención adecuada. El actor (SE REFIERE AL QUE INTERPRETA A ROUX) justificaba el rechazo que sufrió en el pasado reciente la Santa Iglesia, rechazo, que, por fortuna, ha sido superado en la nuestra.

SADE.- ¿Ve de dónde parte la radicalidad? (EMULANDO A COULMIER) De mendicidad lamentable, dolido por las llagas que la infección te corroe la piel. Estás ahí ahora, Marat. Tu mundo se ha reducido al estrecho espacio de una bañera, creyendo que todos pueden ser gobernados de la misma manera, colocándole una marca, una especie de estigma a quienes consideras dañinos, arrebatándoles sus bienes para entregárselos a los miserables del pueblo. Supones que eso calmará su hambre y sus deseos de venganza, y, sobre todo, y eso si podrías decirlo tu, sus resentimientos y odios. ¿De verdad supones que eso acabará con los enfrentamientos y con las diferencias? ¿Crees tú que los harías más dichosos si no les dejáramos llegar hasta donde desean, dándoles con la igualdad en las narices? ¿Sigues creyendo aún que sea posible unirlos ahora que ya advertiste cómo los pocos que quisieron andar unidos lo que hacen es andar a las greñas los unos con los otros, y que por cualquier minucia se convierten en enemigos mortales?

MARAT.- (SE INCORPORA, ENARDECIDO) Es un principio el que está en juego, y forma parte del curso de la Revolución. El que los tibios, las medias tintas y los meros simpatizantes de galería sean eliminados, no podría llamarse destrucción. Para nosotros sólo la hay cuando se quiebran los cimientos. Escucha, escucha, como cuchichean, cómo intrigan. Míralos cómo acechan por todas partes esperando su oportunidad de destruirnos.

JACQUES ROUX SE HA COLOCADO EN EL CADALSO Y HABLA CON AGITACIÓN.

ROUX.- ¡Nosotros exigimos que se abran los graneros para aliviar el hambre! ¡Exigimos que los talleres y las fábricas pasen a ser del pueblo!

LOS PACIENTES SE ADELANTAN HACIA EL CADALSO Y ENFRENTAN A ROUX, COULMIER HACE SEÑAS A SADE. ROUX CONTINÚA.

A MEDIDA QUE COULMIER HABLA, LOS ENFERMEROS TRATAN DE DOBLEGAR A ROUX. PERO ESTE SE RESISTE.

COULMIER.- (MUY ALTERADO) ¡Señor de Sade, por favor! Creo que escogió al paciente menos indicado para que hiciera ese papel, lo único que hace es vociferar, y esa no es la intención de Jack Roux. Todos sabemos que si, en efecto, era exaltado, porque lo conocimos personalmente, y sabíamos de sus excesos en el púlpito, y de sus ideas revolucionarias.

ROUX LOGRA SOLTARSE DE LOS ENFERMEROS Y MONJAS QUE INÚTILMENTE CONTINÚAN TRATANDO DE DOMINARLO. SUBE DE NUEVO AL CADALSO.

ROUX.- (MAS EXALTADO AUN) Nosotros exigimos que los que desencadenaron esta guerra se conviertan en su principales víctimas. Es preciso que hasta la simple idea de la guerra sea borrada del espíritu. Es necesario que se acate el deseo general de no querer morirse de hambre, caminar con piernas que no sean de madera, sin heridas. Es necesario que se acaben los ejércitos. La gente no debe estar obligada a obedecerlos…

LA SRA. COULMIER.- ¡Siempre sabrá necesidad de los ejércitos!

ROUX.- (MIENTRAS LO ATAN A UN BANCO, EUFÓRICO) Marat, ya llegó tu momento. Muéstrate al pueblo. Es a ti a quién esperan. Hazlo rápido, Marat, pues la Revolución es efímera como un rayo de luz, dura muy poco. Aprovecha las aguas mientras hierven, no esperes que se calmen, no esperes que las absorba la tierra árida donde haz arado...

LO REDUCEN VIOLENTAMENTE. LOS PACIENTES SE VIOLENTAN, PERO TAMBIÉN SON REDUCIDOS.

MARAT.- (SERENO) No está en mí, está en la conciencia de todos, es una necesidad, es un clamor. El pueblo tiene todas las razones que desee tener para ser libre, no hay nada que se lo impida...

SADE SE ADELANTA LENTAMENTE HASTA LA PLATAFORMA Y HABLA SIN PREOCUPARSE DEL TUMULTO.

SADE.- Te llevan una hora, o todo un día, y luego te dejarán caer, Marat. Te necesitan hoy porque sufres por ellos y tus cenizas alcanzarán la gloria del Panteón, pero mañana volverán y las dispersarán, y la gente dirá: ¿Quién era ese Marat?... Ahora voy a decirte yo lo que pienso de esta Revolución, la cual yo mismo he contribuido a desencadenar. Cuando yo estaba preso en la Bastilla, ya había expuesto al mundo mis ideas. (CRUEL) Me las había arrancado a fuerza de flagelaciones, por odio a mí mismo y a los límites de mi propio pensamiento. Allá en el calabozo, imaginé a una clase monstruosa, agonizante, cuyo genio se agotaba en procurarse a sí misma el espectáculo de sus excesos, de sus disipaciones. Entonces yo reconstruí hasta en sus mínimos detalles el mecanismo de sus raras y extravagantes violencias, dando en mí mismo curso libre a todo lo que en mí había de perversión y de brutalidad. Más que un ataque contra esos moribundos que arrastraban a su naufragio todo lo que podían agarrar, era contra mí mismo. En una sociedad de criminales. Yo desterraba el crimen del fondo de mí mismo, para explorarlo a la vez que lo hacía con el tiempo en que vivía. Las máculas horribles y torturas que yo les atribuía a mis imaginarios

héroes me las imponía a mí mismo, y ahora me gustaría recordarlo...
(POR LA MUJER DE COULMIER) y que esta distinguida señora, de
gran distinción y belleza... Tomará parte en la representación, y usara
las correas en mí, mientras sigo hablando de la Revolución.

EL GRUPO COULMIER SE INQUIETA. LA MUJER DE COULMIER
PARECIERA QUE LA TIMIDEZ LA INHIBE, SIN EMBARGO, SU MARIDO
LE SONRÍE GENTIL INDICÁNDOLE QUE DEBE ACEPTARLA. LA MUJER
SE LEVANTA. UNA DE LAS HERMANAS LE ENTREGA UN LÁTIGO DE
VARIAS COLAS. SADE SE ARRANCA LA CAMISA, Y HACE QUE UN PAR
DE ENFERMEROS LE ATEN LAS MANOS A SENDAS CUERDAS QUE
CUELGAN DEL TECHO. AL FONDO DETRÁS DE LAS REJAS, LOS
MÚSICOS ILUMINADOS DÉBILMENTE, ACENTÚAN CON ACORDES LA
SITUACIÓN. ALGUNOS ENFERMOS HACEN SUBIR UN TRAMO LA
CUCHILLA DE LA GUILLOTINA, LA CUAL SOLTARAN AL FINAL DE LA
FLAGELACIÓN.

Primero, yo vi en la Revolución la posibilidad de un monstruoso
exceso de venganza, de una orgía por encima de todos mis sueños
anteriores.

LA MUJER DE COULMIER TOMA SITIO, LENTAMENTE, PARA
DESCARGAR SOBRE LA ESPALDA DE SADE UN PRIMER Y TÍMIDO
LATIGAZO.

Pero después yo vi estando en el tribunal...

OTRO LATIGAZO. ESTA VEZ MAYOR INTENSIDAD. PARECIERA QUE LE
TOMA EL GUSTO. GEMIDO COLECTIVO. SADE RESPIRA
RUIDOSAMENTE. JADEA.

No ya como acusado sino, que como juez, estaba por encima de mis
fuerzas enviar a los presos al verdugo....

LATIGAZO, GEMIDO COLECTIVO.

Hice todo lo posible por absolverlos o porque se escaparan. Y vi que era incapaz de cualquier crimen.

LATIGAZO. TODOS GIMEN. SADE RESPIRA CON DIFICULTAD. SADE EVIDENCIA SU ASMA.

Aunque el crimen fuera el único acto con el que pudiera probar yo mismo mi existencia.

LATIGAZO. GRAN GEMIDO DESFALLECIENTE DE TODOS. SADE, POR EL CONTRARIO PARECIERA QUE ADQUIERE FUERZAS E ÍMPETUS CON EL CASTIGO. SE INHIBE DE GEMIR.

Y he aquí que ante la gran ocasión que se me presentaba, la náusea se apoderaba de mí.

LA MUJER DE COULMIER LO HACE CADA VEZ CON MAYOR ENTUSIASMO. Y PLACER.

En septiembre, con las depuraciones, en el convento de la Carmelitas, tuve que agacharme en el patio y vomitar.

SADE CAE DE RODILLAS.

Cuando vi que mis profecías se realizaban, y que corrían las mujeres con las manos ensangrentadas, portadoras de los sexos cortados de los hombres...

LATIGAZO. SADE SE INCLINA HACIA DELANTE.

Y en los meses siguientes (LUCHANDO CONTRA EL ASMA) cuando las carretas llevaban al suplicio, la cuchilla caía y se alzaba y volvía a caer

LOS ENFERMOS QUE SOSTENÍAN LA CUCHILLA EN ALTO, LA DEJAN CAER SOBRE LA CABEZA DE LA FIGURA MONÁRQUICA QUE ESTABA EN EL CADALSO. OTROS ARRASTRAN EL MUÑECO HASTA SACARLA. LA CABEZA QUEDA EN ESCENA, A LOS PIES DE CARLOTA QUE LA MIRA CON HORROR.

Entonces aquella venganza ya no tenía ningún sentido, era una venganza mecánica...

LA MUJER DE COULMIER INTENTA DAR UN NUEVO LATIGAZO, PERO SU MARIDO CONSIDERA PRUDENTE DETENERLA. ELLA, EVIDENTEMENTE EXCITADA, SE OLVIDA DE ENTREGAR EL LÁTIGO. COULMIER SE LO RETIRA DE LAS MANOS Y SE LO ENTREGA A UN ENFERMERO. SADE CONTINÚA, CON LAS RODILLAS EN EL SUELO.

Ahora, Marat, yo veo a dónde conduce esta Revolución. Conduce a una lenta muerte del individuo, a una lenta extenuación en la uniformidad, a una agonía del juicio, al cruel reniego de uno mismo, a una fatal sujeción al Estado, cuya esfera, infinitamente lejana, invulnerable, planea muy por encima de cada uno de nosotros. Por eso yo me aparto para no depender de nadie. Si es que estoy condenado a perecer, por lo menos quiero arrancar a mi terrible pérdida lo único que yo puedo arrancar con estas pocas fuerzas. (PAUSA RESPIRA CON DIFICULTAD) Al desaparecer quisiera, tras de mí, borrar todas mis huellas, que la hierba tape mi sepultura y la haga olvidar para siempre.

RECOGE SU CAMISA Y SE LA VA PONIENDO DESPACIO MIENTRAS VUELVE A SU SILLA.

GRAN PAUSA.

LA HIJA DE COULMIER, MADELENNE COULMIER, QUE HA TRATADO DE CONTENER DURANTE TODA LA FLAGELACIÓN LA EXCITACIÓN QUE LE PRODUCE, Y DE OCULTAR UNA ESPECIE DE GOCE SEXUAL, EXTRAÑA PARA ELLA, PUES ES VIRGEN, ROMPE A REÍR. ES UNA RISA CHILLONA, HISTÉRICA, DESBORDADA, INCONTENIBLE. LAS MADRE, A DURAS PENAS RECUPERADA DE SU TAMBIÉN EXCITACIÓN, INTENTA CALMARLA, PERO ES INÚTIL, POR ULTIMO, DECIDE SALIR DEL LUGAR, INTENTÁNDOSELA LLEVAR.

populares para los hambrientos, convirtiéndose a sus delegados en padres espirituales de los mas necesitados.

EL PREGONERO, QUE HA RECUPERADO SU PUNTERO, TRATA DE MEDIAR. SE DIRIGE AL CENTRO DEL ESPACIO,

PREGONERO.- (TAN CÍNICO COMO DE COSTUMBRE) El texto de la obra se refiere a otra época muy distinta a la que vivimos en la actualidad. No olvide, Monsieur Coulmier, que se trata de hechos históricos, pero le concedo toda la razón, Monsieur Coulmier, la Santa Madre iglesia, sus representantes en la tierra y su Divina Inquisición, que hoy en día nos brinda su más desinteresada, oportuna y necesaria bendición, debe estar al margen de toda sospecha.

COULMIER SE CALMA Y OCUPA SU LUGAR, AUNQUE SATISFECHO, NO DEJA DE PERMANECER EN GUARDIA.

SILENCIO.

SADE CAMINA HACIA MARAT Y LE HABLA ÍNTIMAMENTE

SADE.- Yo sé, Marat, que darías ahora la gloria y el clamor del pueblo por un poco de alivio a ese ardor que te carcome la piel, y te hace confundir la realidad, y que te obliga a permanecer sumergido en el agua tibia de esa bañera, con una imagen fija del mundo, que no se corresponde con los hechos tal como son. Querías confundirte con la realidad y ella te ha reducido a este rincón. Yo renuncié a ocuparme de ella, mi vida ahora es la imaginación... Para nada me interesa ya la revolución.

SILENCIO.

MARAT.- (EN TONO BAJO) El pensamiento jamás ha abierto brecha en ninguna muralla. En cambio, el hambre logró subir a las torres más altas de la Bastilla para destruirla hasta sus propios cimientos, hasta no dejar de ella una piedra sobre otra.

SRA. COULMIER.- ¡Vámonos, Madeleinne, esto es un espectáculo bochornoso! Yo sabía que no lo soportarías. ¿Cómo se podría haber esperado algo decente de un espectáculo de esta naturaleza, sobre todo, conociendo al director. ¡Vamos, hija, ya es suficiente!

LA MUCHACHA SE RESISTE, ALGUNOS ENFERMOS, PORQUE SABEN SE DEBE A UNA RAZÓN MÓRBIDA, SE ACERCAN A ELLA. RÍEN DE LA

MISMA MANERA ALTERADA QUE LA JOVEN, COMO REFLEJO DE LO QUE ELLA HACE.

SRA. COULMIER.- ¿Cómo no reconocer que sean ciertas las tropelías que se cuentan de este supuesto marqués? Es conocido lo ocurrido con la mujer de los abanicos, obligada a defecar encima de un crucifijo y a colocarse una hostia en sus partes antes de ser penetrada por él, y no conforme con habarla flagelado y hasta lamerle los huesos con el látigo, hizo que le cubriera las heridas con la cera derretida de una vela. Mucha condescendencia se ha tenido con él, y ahora, la convocatoria para que lo veamos hacerse flagelar por una enferma es el colmo de la locura. ¿Cómo es posible que se encuentre hospedado aquí por razones hospitalarias o políticas y no por lo que realmente padece su mente torturada e infame?...!Vamos, hija!

MARAT.- ¡Simona, Simona, no veo¡ Todo está oscuro, no veo dónde están mis papeles, la tinta, la pluma. Simona, todo esta muy oscuro.

SIMONA, MAS ANGUSTIADA Y LLOROSA QUE OTRAS OPORTUNIDADES, SE MUESTRA EXAGERADAMENTE HORRORIZADA Y CONFUSA.

SIMONA.- (SOLÍCITA) Aquí esta, Marat, la pluma, los papeles, el tintero. Escribe, escribe todo lo que se te ocurra, el pueblo espera por ti... No estás ciego, Marat, es sólo una nube que pasó, o quizás fue el humo de los cadáveres que arden en Paris.

MARAT.- Tengo que redactar el acta para que la nación francesa se levante en armas...

SIMONA (DESGARRADA, CASI IMPEDIDA).- ¡Marat... no lo hagas!..

EN PARALELO SADE COMENTA CON EL ACTOR QUE EJECUTA AL PREGONERO.

SADE.- (EN VOZ BAJA) Está sobreactuando, no es necesario que marque tanto. Simona era partidaria de Marat, jamás se hubiese mostrado tan ofuscada por sus excesos... Tal vez no es la actriz adecuada para el papel... (SONRÍE SATISFECHO) Pero no lo hace mal, luce divertida... Marat-Sade.

MARAT.- Quieren destruir mi imprenta, quieren impedir que "El amigo del Pueblo" descubra a los enemigos de la nación, de la revolución, de la Libertad...

SIMONA.- (AUMENTA SU CONFUSIÓN EN LA MEDIDA EN QUE MARAT AUMENTA SU EUFORIA) !No lo harán, Marat!, ¡todos tenemos fe en ti!

TERCERA PARTE

ENFERMOS.- (CANCIÓN COLECTIVA, FONDO MUSICAL PARA EL DESARROLLO DE LA ESCENA)

La vida no son sólo carroñas y sufrimientos,

Existen también bellos sentimientos.

PREGONERO.- Hemos visto escenas dolorosas. Ahora lo haremos con algunas, que, sin lugar a dudas, resultarán más hermosas. Uno arde de fiebre (POR MARAT) Y al otro lo tortura el dolor (POR SADE), pero debemos tener en cuenta que también existe algo que se llama amor.

DUPERRET SE AGACHA ANTE CARLOTA Y LE LEVANTA EL PIE Y BESA SU ZAPATO, AMOROSO MORBOSO. CARLOTA LO IGNORA.

PREGONERO.- De nuevo tú turno, Carlota, aunque ya sabes que tampoco en esta oportunidad te acompañará la suerte, pero debes hacerlo. Tienes que mostrarte dulce, eso ya lo eres, con Duperret, que es el que te conducirá a tu destino final.

CARLOTA.- Ha de llegar pronto ese día en el que seremos igual que antes, cuando vivíamos en armonía.

PREGONERO.- (APUNTA) Voy a cumplir mi misión.

CARLOTA.- (REPITE) Voy a cumplir mi misión.

DUPERRET TRATA DE PASAR SU MANO DEBAJO DEL TRAJE DE CARLOTA CORDAY. ÉSTA SE DEFIENDE. INTENTA BESAR A CARLOTA CORDAY EN LA BOCA. ELLA LO EVITA. UNA DE LAS MONJAS SUJETA A CARLOTA Y SE LA LLEVA. LE HACEN ADOPTAR UNA POSTURA HEROICA, UN SENO AL AIRE LA HACE VER COMO UNA FIGURA LIBERTARIA Y HEROICA.

COMIENZA EL COLECTIVO HIPERREALISTA. EL CORO CANTA A SOTO

VOCCE LA MARSELLESA CON EL VERSO YA OÍDO

MARAT.- Circulan mentiras y utopías acerca del Estado Ideal, como si hubiera alguna posibilidad de que los ricos renuncien por voluntad propia a sus riquezas. Si hacen alguna vez una concesión, es porque saben que aunque no vayan a ganar lo que se proponen, algún provecho le sacan. Dicen que aumentarán los salarios, ¿Por qué? Porque se espera un crecimiento de la producción. Los patronos nunca doblegarán la rodilla por voluntad propia, ni por conmiseración al humilde. Sólo la fuerza hará que lo hagan.

ALGUNOS PACIENTES, COMO ZOMBIS, SE MUEVEN HACIA LOS LATERALES, EN TONO A LA BAÑERA, QUE YA ESTÁ SIENDO ASEDIADA POR EL GRUPO DE TRASLADA A CARLOTA.

No se dejen engañar si les dicen que han aniquilado la Revolución, que con ellos se vive mejor, que ya la miseria no existe, sino en nuestra imaginación, que con el exceso de producción habrá mas dinero, y el bienestar estará al alcance de la mano. Todo esto no es más que una especulación de los que siempre seguirán teniendo la oportunidad de explotarlos. ... No se dejen en ganar por quienes les soban las espaldas ni por los que les dicen que en el fondo ya no hay diferencias, y que ya no vale la pena pelear por ellas.... .

LA MÚSICA CORAL SE HA IDO HACIENDO CADA VEZ MAS CORPÓREA Y SONORA, SE HA INCORPORADO EL ÓRGANO, REFLEJA LA SOBREEXCITACIÓN DE MARAT, DEJA POR MOMENTOS OÍR FRASES QUE SE DESPRENDEN DE LA MARSELLESA. MARAT SE HA INCORPORADO Y HABLA AHORA EN UN TONO DE ELEVADA INSPIRACIÓN ESPIRITUAL. COULMIER SE LEVANTA SOBRESALTADO, SU MUJER SE INQUIETA, INSISTE EN QUERERSE IR, SU HIJA, POR EL CONTRARIO, PARECIERA QUE SE CONTAGIA DE LA EMOCIÓN Y POR MOMENTOS TARAREA LA MÚSICA. COULMIER SE PRECIPITA SOBRE SADE, Y LE HABLA, A LA VEZ QUE LO CONTINÚA HACIENDO MARAT. SADE NO SE INMUTA.

COULMIER.- (A LA VEZ QUE MARAT) ¡Esto ya es el colmo, Señor de Sade! No me deja otra opción que ordenar de inmediato que suspenda la representación. Esta parte, que tampoco es como la dice el huésped que interpreta a Marat, estaba suspendida. Yo mismo me encargué de hacerlo antes de llevar la obra a las autoridades del Estado encargadas de velar por el orden y la tranquilidad pública, (MARAT CONTINUA SU DISCURSO) Le ruego que lo haga callar...

MARAT.- Lo que buscan no es repartir con ustedes sus caudales y capitales, sino usarlos a ustedes para que se los defiendan, para que vayan a la guerra a morir por un capital que no les pertenece a ustedes, sino que sigue y seguirá siendo de quienes los explotan.

MARAT CONTINUA, CADA VEZ EUFÓRICO Y SUBIDO DE TONO.

MARAT.-... Enviarán a defender su capital, por medio de la guerra.

SADE.- (EN PARALELO DE MARAT, LOS DOS DISCURSOS SON SIMULTÁNEOS) Eso está claro, Coulmier. Estos no son mas que excesos emotivos que no procuran ningún malestar, por el contrario, mientras se manifieste el dolor, la amargura y la desesperación, no habrá males mayores, si es que estos lo son. Lo terrible sería callarlos. El dolor interno es el más peligroso, el que nos expone, el que no hace estallar las emociones. Véalo, Coulmier, como evidencia su pobreza de espíritu. Si la callara, si la sufriera, si tuviera valor para sobrellevar sus penas espirituales, no llegaría incluso a sentir las de la piel, que poco a poco se le pudre y le corroe hasta sus propias entrañas

LA HIJA DE COULMIER COMIENZA DE NUEVO A REÍR DESAFORADA, ALGUNOS DE LOS ENFERMOS, SOBREXCITADOS, SE DIRIGEN HACIA ELLA, MOVIDOS POR SU REACCIÓN HISTÉRICA.

MARAT.- Han alcanzado la gloria del poder material a través del progreso, han descubierto una nueva forma de aplicar sus viejas artimañas de explotación, han inventado el salario y se los han aumentado para igualarlos con la intención de aniquilarlos a todos por igual.

PREGONERO.- (PASEÁNDOSE ENTRE LOS ESPECTADORES, EN PARALELO A TODOS. TODOS HABLAN A LA VEZ) Debemos aclarar confusiones. Aquí estamos tan sólo para divertir a nuestros apreciados concurrentes. La cosas que se dicen, sean ciertas o no, pertenecen al pasado. Algunos pensarán que no tienen sentido, y que lo mejor seria dejarlas en el olvido. Pero ¿que hubiese sucedido si el destino no nos hubiera concedido a aquella que liquidó las profecías liquidando también al señor que las decía, del que hablaba sin detener sus disensiones y del que muchos pensaron que lo hacia en exceso?

SEÑALA A CARLOTA HA SIDO CONDUCIDA HACIA LA BAÑERA.

CARLOTA.- Deseo ser recibida por Marat. Soy sumamente desgraciada   Y deseo recibir su ayuda.

SIMONA SE AGITA NERVIOSAMENTE, ENTRE MARAT Y CARLOTA.

SIMONA.- (CONFUSA Y CON RABIA) ¡Váyase, señorita! El señor Marat no tiene tiempo de atenderla. Los pedigüeños solo traen desgracias, con sus quejas. Entienda que él tiene muchas responsabilidades. Vaya a la Asamblea y deposítala allí. Se quejan, como si no tuvieran más nada que hacer. Apenas, un dolor de estomago, y piensan en Marat para que se los quite... si comenten algún pecado, suponen que es Marat quien los va a absolver... si pelean con el vecino, es aquí a donde traen los lamentos, y si el marido no las satisface, suponen que Marat tendría que hacerlo...

CARLOTA CAEN EN TRANCE NARCOLÉPTICO. LA RETIRAN.

SADE.- Eso es, Marat, lo que es para ellos la Revolución. Algo con lo que suponían se les aliviarían todas sus penas, o les haría llegar la inspiración a quienes carecieran de ella. Vienen a la Revolución con la esperanza de que ella les procure pescados, zapatos, un hombre en la cama o una mujer en el hogar. Asaltan bastillas, pero ahí los tienes de nuevo, como antes, sin zapatos, sin ropas y sin comida, teniendo en la cama el mismo colaborador, oliendo igual que antes y cargando sobre sus hombros el mismo desprecio de siempre.

SIGUE EL CORO, ESTA VEZ MÁS BRILLANTE Y SONORO.

LA ASAMBLEA NACIONAL SADE SE MANTIENE EN SU SILLA EN EL CENTRO FRENTE A COULMIER Y SU FAMILIA. VERÁN EL DEBATE COMO SI SE TRATARA DE UNA PARTIDA DE TENIS.

PREGONERO.- (HACE CALLAR LAS VOCES) Depuesta la monarquía, la

Revolución se vio crecida en partidarios que enfrentaron, ahora, grandes diferencias. Lejos de conformar, como antes, un solo estado, que con altas y bajas se entendían, comenzaron a luchar por convencer a las grandes mayorías. Por un lado, (LO SEÑALA) Marat, próximo ya a pronunciar su último discurso.

HACE UNA SEÑAL A LOS MÚSICOS.

LOS MÚSICOS TOCAN UNA MÚSICA MUY DÉBIL QUE RECUERDA, MUY DISTANTE, LA MARSELLESA.

MARAT HABLA EN EL VACÍO, SIN DIRIGIRSE A NADIE EN PARTICULAR, DANDO UN DISCURSO IMAGINARIO.

MARAT.- ¡Ciudadanos, diputados de la Asamblea Nacional, nuestro país está en peligro! Desde todos los rincones de Europa, varios ejércitos han llegado a nuestras fronteras. Quieren invadirnos, Quieren destruirnos. La mayoría de nuestros generales simpatizan con los que se han ido del país, con los que han desertado, con todos los emigrados, y solo esperan el día de regresar para recuperar sus negocios.

AUMENTA LA INTENSIDAD DEL CORO.

MARAT.- El pan no está al alcance de la gente, nuestros soldados visten con harapos, y una nueva guerra civil acaba de ser desencadenada por la contrarrevolución. ¿Y qué hacemos nosotros?

Hasta ahora ni un pedazo de tierra de las posesiones del Clero ha sido distribuido entre los campesinos sin tierra. Hace ya años que propongo que tales posesiones sean divididas en parcelas y distribuidas entre los que no poseen nada. Procurarles material, máquinas, semillas. Tampoco hay rastro alguno de los talleres comunales que teníamos que haber instalado en los conventos y en los palacios. ¿Por qué hemos luchado? ¿Por la libertad de los que hoy nos explotan?

AUMENTA EL CORO. ADQUIERE AHORA UNA FORMA PATÉTICA DE DOLOR Y LAMENTOS. SON ZOMBIS QUE SE MUEVEN PERDIDOS EN LA OSCURIDAD QUE LOS ENVUELVE.

MARAT.- Nuestro país está en peligro. Hablamos de Francia, pero, ¿para quién es Francia? Hablamos de libertad, pero ¿para quién es la libertad? Diputados de la Asamblea Nacional: si continuamos de esta manera, el pasado seguirá pesando sobre nuestras cabezas, pero antes de que eso ocurra, propongo que se desprendan las de nuestros enemigos. Aquí están sus nombres, aquí están nuestros enemigos, aquí están los que se oponen la voluntad del pueblo. Descubramos quienes son los que nos adversan y quienes son los enemigos de la revolución.

DUPERRET.- ¿A dónde quiere llegar Marat con sus historias? ¿A sublevar a la gente de nuevo? Todas esas mujeres que están en las tribunas son obreras, mujeres que lo único que saben es gritar, vociferar, que no saben lo que dicen, que lo único que buscan con Marat es la oportunidad de ser iguales, pero ¿iguales a quien?, si nunca han sido ellas mismas, son solo costureras, porteras, lavanderas, que ni siquiera trabajan ya, porque ya no tienen dónde hacerlo, porque las fábricas cerraron sus puertas. Solo están con los rateros, vagos y la escoria analfabeta y ociosa que se ha escapado de las prisiones y de los asilos. Son ellos los que se han apoderado de las calles y los bulevares.

DUPERRET.- Y se cuelan en los cafés y los restaurantes…

MARAT.- ¡A donde ni siquiera pueden entrar! Se les prohíbe la entrada, aunque fueron ellos los que construyeron sus paredes y los que lavan sus pisos.

SIGUEN LOS ACORDES DE LA MARSELLESA.

DUPERRET.-

Marat, eres un dictador

Eres un resentido...

MARAT.- (SIMULTANEO A DUPERRET) Siempre verán al pueblo como una masa informe, sin ojos ni cabezas, porque están separados y distantes de él. Porque se acercaron a la Revolución sin conocer sus fundamentos. ¿No es el propio Dantón el que dice que en lugar de prohibir la riqueza, deberíamos esforzarnos en devolverle su dignidad a la miseria? ¿Y no es el mismo Robespierre, quien palidece ante la simple palabra violencia, quien se sienta a las mesas distinguidas, llenas de velas aristocráticas?

EL PREGONERO SE ACERCA A DUPERRET Y LE APUNTA.

PREGONERO.- Marat, eres un dictador

Eres un resentido

Húndete en las aguas!

De las alcantarillas

DUPERRET.- (REPITE, ENAJENADO, MAS PREOCUPADO POR EXCITACIÓN SEXUAL) Marat, eres un dictador

Eres un resentido

Húndete en las aguas!

De las alcantarillas

MARAT.- ¡Dictador!, esa palabra tiene que desaparecer. Yo detesto todo lo que pueda recordar a los patronos y a los patriarcas. Hablo de una persona que sea capaz de guiarnos en esta y todas las épocas de crisis que nos esperan.

PREGONERO LE APUNTA A DUPERRET.

PREGONERO.- Va a lanzar un nuevo llamamiento al crimen.

DUPERRET.- (REPITE ENAJENADO) Va a lanzar un nuevo llamamiento al crimen.

MARAT.- Nosotros no somos asesinos, si matamos, es en legítima defensa, peleamos por nuestra vida.

DUPERRET.- (A LA VEZ QUE EL PREGONERO) ¡Si tuviéramos pensamientos creadores en vez de agitación, si reencontráramos la belleza y la armonía en vez del fanatismo y el delirio!

SE DESTACA LA PRESENCIA DE ROUX EN EL CADALSO.

ROUX.- Tengan conciencia de lo que está ocurriendo. Deben permanecer unidos, deben reconocer quienes son sus verdaderos enemigos para que los destruyan, porque si ellos triunfan, no perdonarán ni a uno tan sólo de ustedes. Y lo que hemos ganado hasta ahora, lo perderemos, sin remisión.

EL PREGONERO DA TRES GOLPES CON PUNTERO, MARAT REACCIONA COMO DESPERTANDO DE UN LETARGO.

MARAT.- (ANGUSTIADO) ¡Simona, ¿quién llama de esa forma?...

SIMONA, CONFUSA, NO SABE COMO RESPONDER

¡Simona, échame agua fría!. ¡Simona! ¿Dónde está Lebas? ¿Dónde están mis escritos?

SADE.- ¡Déjalo, Marat! Esos borradores, esas palabras, son ideas al viento. Todo desaparecerá. Marat. Respóndeme, ¿qué fue, Marat, de tu vida?... Eres una cosa que sufre dentro de una bañera. Algún día acabarán por encontrar al hombre que harán responsable de todo lo que ahora ocurre en Francia. Te presentarán a la historia como un monstruo sanguinario.

MARAT.- (DESOLADO) Nunca tuve tiempo para nada, sólo de trabajar. La noche y el día no me eran suficientes. Mi vida se la dediqué a la Revolución, mi vida es del pueblo, y para el pueblo vivo. Siempre pensé que escribir era sólo un preludio de la acción. (BUSCA) ¡Simona, la pluma, ¿Dónde están los papeles en blanco?

SADE.- Ya es tarde, Marat. Olvídala las proclamas. Están plagadas de mentiras, de ofrecimientos incumplidos, ¿Qué puedes esperar aún de esta Revolución? ¿A dónde nos lleva? Aquí tienes a tus legionarios, a tus partidarios. Supones que saben lo que hacen y que lo hacen por honor, y que hasta el último de ellos defenderá hasta la muerte lo que piensas y lo que dices. Ahí tienes toda una exhibición de escarapelas. ¿Qué órdenes vas a darles?... ¿Te obedecerán? ¿Tendrán capacidad para hacerlo? Tú mismo has dicho que en las manos del Poder las leyes se convierten en instrumentos de opresión.

LA TERCERA VISITA

REDOBLE, DE MUERTE.

LAS MONJAS SACUDEN A CARLOTA. ELLA SE RESISTE A DESPERTAR.

PREGONERO.- Carlota Corday, llegó el momento, basta ya de dormir; levántate ahora mismo y toma tu puñal con heroísmo.

CARLOTA ES PUESTA EN PIE. SU CABEZA SE CAE Y SE LE DOBLAN LAS RODILLAS. LAS MONJAS LA SOSTIENEN Y LA CONDUCEN DESPACIO HACIA DELANTE. SUS PIERNAS ARRASTRAN POR EL SUELO. DUPERRET LA SIGUE, SUJETÁNDOLA POR LAS CADERAS.

DUPERRET.- Vamos, Carlota, pronto podrás seguir durmiendo eternamente.

TRASLADAN A CARLOTA HASTA QUE QUEDA PRÓXIMA A LA BAÑERA. LAS MONJAS LA SOSTIENEN, UNA POR CADA LADO. DUPERRET, DETRÁS DE ELLA, LA SOSTIENE POR LA ESPALDA. ELLA SE MANTIENE CON LOS OJOS CERRADOS.

CESA LA MÚSICA. PAUSA.

UNA LUZ MUY POTENTE ILUMINA LA CUCHILLA QUE PARECIERA DE ESPEJOS, POR LOS DESTELLOS QUE EMANA. (UN ESPEJO LA CUBRE) COMIENZA A SUBIR LENTAMENTE. LOS ENFERMOS SIGUEN EL MOVIMIENTO DE ASCENSO DE LA HOJA. EMITEN UN IMPERCEPTIBLE GEMIDO.

CARLOTA.- (MUY ANGUSTIADA) Ahora ya sé cómo es ese momento en el que el cuerpo y la cabeza se separan, cuando las manos están atadas a la espalda, los pies también atados, el cuello desnudo y la cabeza rapada. Ese es el momento del patíbulo, y el ruidito de la cuchilla que se eleva, y se eleva... y se eleva, en su filo la sangre que gotea. Después llega el momento en el que cae la hoja...

LA HOJA DE LA GUILLOTINA CAE VIOLENTAMENTE.

GRAN GEMIDO COLECTIVO. PAUSA

Y el metal se desliza por el cuello y lo penetra, y la cabeza se separa del cuerpo, y cae en el cesto sangriento donde otras cabezas esperan su llegada.

UNA LUZ CONCENTRADA ILUMINA EL ROSTRO DE CARLOTA

CARLOTA.- Dicen que la cabeza cuando el verdugo la levanta con su mano vive aún y sus ojos ven aún; que aún se mueve la lengua y que los brazos y las piernas se contraen.

DUPERRET SE COLOCA DETRÁS DE CARLOTA, SIN DEJAR DE SUJETARLA POR LAS CADERAS.

DUPERRET.- Despiértate, contempla los árboles. Contempla el rosal del crepúsculo. Disfruta de la tibieza y de la brisa del verano. Haz que palpite tu hermoso pecho.

EXTIENDE LA MANO Y LE ACARICIA EL PECHO. SIENTE EL PUÑAL ESCONDIDO. LA RETIENE POR LA ESPALDA ENTRE SUS BRAZOS

Pero, ¿Qué es esto, Carlota?...No puede ser tu corazón, que es frágil como el de un gorrión. (SACA EL PUÑAL) Esto es un puñal, tan frío como el filo de la guillotina... ¿Qué hacía en tu pecho, donde sólo caben sentimientos de bondad? Esta daga asesina terminará aniquilándote, aunque te ampare la razón.

CESA LA MÚSICA.

CARLOTA.- (SIGUE EN VERSO, ALUCINADA) En mi cuarto de Caén, sobre la mesa y ante la ventana está abierto el libro de Judith, la que salió un día para no volver jamás. Vestida de pureza se presentó en la tienda del tirano, y allí, de un solo golpe, lo aniquiló.

DUPERRET.- Carlota, marchémonos de aquí. Vámonos juntos esta misma noche.

CARLOTA.- (NO LO OYE) ¿Qué ciudad es ésta? ¿Qué calles son éstas? ¿Quién ha imaginado todo esto para sacar provecho? He visto a comerciantes por todas las esquinas vendiendo guillotinas pequeñitas, para tenerlas de recuerdo, y niñas que jugaban con muñecas llenas de un líquido rojo que brotaba por el cuello cuando las decapitaban. ¿Qué niños son esos que juegan de esa manera?

MARAT SE YERGUE. SIMONA SE SITÚA DELANTE DE LA BAÑERA PARA PROTEGERLO.

PREGONERO.- (LE APUNTA A MARAT) Yo soy quien tiene la razón, y aún he de proclamarlo.

MARAT.- (ENÉRGICO) Yo soy quien tiene la razón, y aún he de proclamarlo. Simona, ¿Dónde está Lebas? ¡Tengo que hacer un llamamiento urgente!

SIMONA SE DIRIGE A CARLOTA. SADE A MARAT.

SADE.- Marat, No malgastes más tú tiempo en panfletos y proclamas... Ahí está ella esperando para ponerle el punto final a tus memorias. Ahí está ella con una pluma finísima, delgada y fría, que entrará en tu pecho sin que tú apenas puedas darte cuenta. Será certera, será precisa, porque sus sentimientos también lo son. Sabe lo que quiere, sabe lo que busca y sabe como encontrarlo. Estas ahí en una bañera que se llenara muy pronto de tu propia sangre, que es tan preciosa para el pueblo que pretendes gobernar. Algo si te deja este momento, Marat: la gloria. Esa que tanto quieres y que tanto anhelas, y que buscas afanosamente sin importarte a quien si, o a quien no convencías de que tenias razón. ¿Que será, Marat, de esta revolución, sin una maravillosa copulación?

SONRÍE HACIA LOS ENFERMOS, QUE REPITEN CON PLACER ENFERMOS

¿Qué será de esta revolución

Sin una maravillosa copulación?

CARLOTA DA UN PASO HACIA LA BAÑERA. SIMONA, PARALIZADA.

MARAT.- ¡Simona! ¡Simona! ¿Quién ha llamado ahora?

SADE DISFRUTA CON PLACER SEXUAL LA DESCRIPCIÓN DE POBREZA DE LA JOVEN. DUPERRET, A SU VEZ, LA SOBA COMO MÓRBIDO DISFRUTE. LOS ENFERMOS A SU VEZ SE SOBAN ENTRE REALZANDO JUEGOS INFANTILES QUE RECUERDAN ACTOS SEXUALES EN PAREJA.

ENFERMOS (CORO)

¿Qué sería de esta revolución

Sin una maravillosa copulación?

¿Qué sería de esta Revolución

Sin que exista la perversión?

SADE.- Marat, a tu puerta se encuentra una muchacha venida de la lejana soledad de un claustro provinciano. Que dormía en la piedra dura de los conventos, virgen aun, de piel muy blanca y tersa, por no haber visto jamás la luz del Sol, que solo conoce el roce de las telas ásperas de sus hábitos, y el cálido aire de los campos que pasa a través de las rejas de su habitación estrecha y húmeda. Piensa en esas otras muchachas tumbadas en el suelo, con el vientre húmedo, con el pecho húmedo, que sueñan en los hombres que dirigen, afuera, los destinos del mundo. Que en sus mentes se hacen una idea de una maravillosa copulación, sin haberla tenido nunca.

CONTINÚA EL RECITATIVO, MIENTRAS QUE LOS ENFERMOS EJECUTAN LA PANTOMIMA DE LA COPULACIÓN.

ENFERMOS (CORO)

Que sería de esta revolución

Sin una maravillosa copulación

SADE.- (SOBRE EL CORO) Piensa en esta muchacha que un día, ya cansada de su gran aislamiento, se sintió fascinada por este nuevo tiempo de la revolución, y se dejó llevar por las nuevas pasiones, y quiso tomar parte en estas conmociones, porque, (PARA INCITAR, PROVOCAR, A LOS ENFERMOS) ¿Qué sería de esta Revolución sin una universal copulación?

SIMONA.- (ÁSPERA) ¿Que quieres muchacha de Caén? Ya sabes que aquí no te queremos. ¿A que vienes de nuevo a esta a casa?

CARLOTA.- (ATONAL) A entregarle a Marat esa carta. Es importante, !Déjame entrar!

SE ADELANTA, PERO SIMONA, GIRA INTERPONIÉNDOSE.

SIMONA.- ¿Qué se dice en esa carta?

MARAT.- ¿Quién esta en la puerta?

SIMONA.- Una muchacha de Caen.

CARLOTA.- Los nombres de quienes en Caen preparan su destrucción.

MARAT.- ¡Déjala pasar!

SIMONA, TRAS CUIDARLO, SE APARTA, MOVIENDO DESESPERADAMENTE LA CABEZA. CARLOTA SE BALANCEA. SONRÍE. SADE SE VUELVE HACIA SU SILLA, Y SE QUEDA DE PIE JUNTO A ELLA.

CARLOTA.- Voy a decirte los nombres de todos tus enemigos. Son mis héroes, los admiro, pero no supongas que los traiciono, porque se los confiero a un muerto.

MARAT.- Habla más claro. No te entiendo. Acércate.

CARLOTA SE ACERCA A LA BAÑERA. DESLIZA LA MANO EN SU PECHO.

CARLOTA.- Aquí están los nombres de todos los que se han reunido en Caen para conspirar. (LEE) Barbaroux, Buzot, Pétion, Louvet, Brissot, Vergniaud, Guadet y Gensonné.

A MEDIDA QUE RECITA LOS NOMBRES, SU ROSTRO SE CONVULSIONA CON UNA VIOLENCIA MEZCLA DE ODIO Y VOLUPTUOSIDAD.

MARAT.- Pero, ¿quién eres tú?, quien eres que tan heroicamente denuncias a los que me adversan?

SIMONA.- No se lo pidas, Marat. Ella es uno más de tus enemigos…. Marat, va a aniquilarte, y contigo va a morir también la Revolución, no se lo pidas, tú mismo estas acabando con lo que mas quieres, Marat.

LLORA DESCONSOLADA, ENTRA EN CRISIS. LOS ENFERMEROS LA ARRASTRAN PARA SOMETERLA. LA ALEJAN DE LA BAÑERA. MARAT SE YERGUE. LA TOALLA CAE DE SUS HOMBROS, DEJANDO EL PECHO

AL DESCUBIERTO. CARLOTA TIENE YA COGIDO EL PUÑAL.

CARLOTA.- Ya tú no me puedes ver, ni antes.....ni mucho menos después, porque estarás muerto.

MARAT SE ENDEREZA, DESESPERADO, SABIENDO QUE SON LOS ÚLTIMOS INSTANTES DE SU VIDA.

MARAT.- (HEROICO, ANSIOSO) ¡Lebas, escribe lo que voy a dictarte! ¡Hoy, sábado, 13 de julio de 1793. A la Nación francesa...!

CARLOTA SE ENCUENTRA YA JUNTO A MARAT. SE PREPARA PARA ASESTAR LA PUÑALADA.

EL PREGONERO.- (A QUIEN SADE LE HA ESTADO DICIENDO ALGO AL OÍDO) ¡Paren!

CARLOTA, LOS ENFERMOS, LOS ENFERMEROS Y LAS MONJAS SE DETIENEN.

EL PREGONERO.- El señor de Sade supone que es un buen truco interrumpir unos momentos la acción, para que, así, Marat pueda escuchar lo que ha de suceder luego de su violenta defunción. (AL PÚBLICO) Esas cosas ustedes, creo, las conocen perfectamente, pues han leído la historia, y son, de ella, sobrevivientes.

MÚSICA ATACA UNA MARCHA MILITAR

LOS ENFERMOS, UNO TRAS OTRO SE COLOCA DELANTE DE LA BAÑERA Y RELATA UN TROZO DE LA HISTORIA FUTURA.

Los combates se han hecho duros y encarnizados. Los franceses luchamos con gran valor. Nuestra unidad de castigo va cortando por lo sano, con la antorcha y el fusil, incendiamos y disparamos

OTRO.- El regimiento, Marat no deja títere con cabeza. Muy pronto se ha cumplido, Marat, lo que tú has profetizado! Cientos de Cadáveres enemigos, dejamos por el suelo derribados. Se suicidan los pocos que no matamos.

OTRO.- Pronto cercamos Lyon con cañones y con caballos. La contrarrevolución es atacada al asalto. Ocupamos la ciudad. Tres mil son ejecutados. Ahora pasamos por Nantes, y allí en masa los ahogamos.

OTRO (SIMONA).- Además de estas batallas, depuramos a los nuestros. Como tú dijiste, no hay lugar para los blandos ni para la gente inútil. Somos revolucionarios, y perseguimos a los traidores contra-re-vo-lu-cio-na-rios.

OTRO.- La cabeza de Dantón ya cayó en el cesto, pero ¡Pero por uno que exterminemos, cientos de ellos aparecen. Ya ni Robespierre ha podido soportarlo. El mismo Jacobo Roux se ha sentido desbordado. Marat, vamos a decirte en quién ahora confiamos.

SUBE LA MÚSICA

ENFERMO QUE INTERPRETA A ROUX.- Nosotros le acompañamos. Marat, ya puedes sentirte un poco recompensado. Napoleón Bonaparte es como tú. Nos promete una paz duradera y trabajo en fábricas de armamento, con buenos salarios. Disfrutamos una vida digna.

EL PREGONERO DA LA SEÑAL CON EL PUNTERO.

PREGONERO.- ¡Puedes morir en paz, Marat!

CARLOTA SÚBITAMENTE SE DESPIERTA. LEVANTA LOS BRAZOS MUY ARRIBA, POR ENCIMA DE LA CABEZA, PARA DAR UN GOLPE BRUTAL. GRAN EXPECTATIVA GENERAL. CARLOTA DESLIZA EL PUÑAL EN EL PECHO DE MARAT.

GRITO SIMULTÁNEO DE TODOS LOS PACIENTES.

TODOS FORMAN UN CUADRO HEROICO ALREDEDOR DE LA BAÑERA. MARAT, COMO EN EL CUADRO CLÁSICO DE DAVID, DEJA CAER EL

BRAZO DERECHO FUERA DE LA BAÑERA. LA MANO DERECHA TIENE TODAVÍA LA PLUMA, LA IZQUIERDA, LOS PAPELES. CARLOTA APRIETA EL PUÑAL. APARECE DESNUDO UNO DE LOS SENOS, COMO LA LIBERTAD CLÁSICA. SIMONA SE INCLINA SOBRE LA BAÑERA CON UN GESTO DE ESPANTO. DA UN GRITO COMO SI DE VERDAD MARAT HUBIESE MUERTO. ES EL DETONANTE PARA QUE RÁPIDAMENTE ROUX SUBA AL CADALSO Y COMIENCE A HABLAR.

ROUX.- (CON VOZ CONTENIDA, CADA VEZ MÁS EXALTADA) Todos han permitido que asesinen a nuestro amigo. Por ignorancia. Con su muerte han procurado que nuestros enemigos aseguren su imperio de oro, hierro y sangre.

CORO.-

Con su muerte han permitido

Que se frustre la esperanza

ROUX.- Con su muerte han permitido que nos despojen de las riquezas de la tierra, que nos pertenecen a todos. No pierdan la esperanza, arriba. Demostremos que no pueden apoderarse de nosotros, porque aun nos queda la esperanza

EL CORO HA LLEGADO A CLÍMAX. ROUX REPITE, CADA VEZ MAS EXALTADO, SU TEXTO. LOS ENFERMOS ENTRAN EN CRISIS, SE MUEVEN SIN CONTROL DE UN LADO A OTRO. SACAN A MARAT. MUEVEN LAS SILLAS, SIN SABER QUE HACER, LOS COULMIER, Y EL PÚBLICO, DESCONCERTADOS, SE LEVANTAN DE SUS ASIENTOS.

SEÑORA DE COULMIER.- (HA COMENZADO ESTE LARGO DISCURSO CON ANTERIORIDAD) No logro entender como a una persona en su juicio se le ocurre poner a discutir a un aberrado sexual, un sodomita, un hombre abyecto, que ha estado preso mas de la mitad de su vida por asesino, con un resentido, un sanguinario asesino que se creyó el dueño del mundo, y mandó a la guillotina a personas inocentes, solo por el placer de verlos morir, porque no aplaudieron sus proclamas, o porque se declaraban sus enemigos o detractores. A el es que no deberían haber dejado crecer, y haberlo matado cuando niño, No puedo imaginar cual de los dos está mas loco, si el propio Marat, el de la vida real o este pobre infeliz enfermo que lo interpreta. ¡Que descaro! Valerse de los intelectuales de Paris, traerlos a Charenton a ver esta pocilga, que no intenta más que justificar infectas las ideas de ese matasanos llamado Marat, fracasado de oficio, médico, sin que se haya sabido jamás de que hubiera hecho alguna curación. Si bueno hubiera sido, no haría ido a parar a las alcantarilla a vivir, donde se contagió de todas esa llagas que lo hubieran matado no mucho tempo después de que la muchacha de Caen lo hiciera con el puñal. El Emperador debe saber lo que se hace en este manicomio, cuyos principales locos son los que los dirigen. ¿Como pudiste, Coulmier, confiar en este hombre para representar un suceso tan abominable como fue esa bochornosa Revolución? Díganle a la mujer esa que termine de matar al interprete, para que sienta en carne propia lo que es la muerte, lo que es horror de morir descabezado. Lástima que la historia dice lo que dice, que murió de una sola puñalada en el pecho. Debería haberle dado miles y miles de puñaladas, hasta que no quedara ni un ápice de su inmundo y leproso cuerpo, o quedado vivo, para que también muriera en la guillotina como lo hicieron sus seguidores, o los que lo acompañan, ese tal Robespierre, Dantón, y todos esos que terminaron matándose entre ellos mismo, porque ninguno sabia lo que hacia, como tampoco lo saben los que dirigen este hospital, empezando por ti, Coulmier, que permites que se repita una historia que todos conocemos hasta el cansancio, y nos hicieran oír de nuevo un discurso de igualdad, que ya en el pasado nos hacía vomitar. Hija, debemos irnos, no creo conveniente que sigas presenciando esta barbaridades.

HIJA.- Yo no me voy, madre, no me voy, esto me gusta y me divierte, a mi no me Importa la historia, no es eso lo que me gusta, me gustan ellos, son fascinantes y divertidos.

DURANTE EL TEXTO UNO DE LOS ENFERMOS HA SACADO A BAILAR

A LA HIJA DE LOS COULMIER, ELLA LUCE DIVERTIDA. BAILAN UNA ESPECIE DE VALS DE SALÓN, O UN MINUET CORTESANO. OTROS, POR SU LADO, HAN OBLIGADO A LA SRA. COULMIER Y ACOMPAÑANTES A IR AL CENTRO DEL ESPACIO, DÓNDE LA PRIMERA SEGUIRÁ VOCIFERANDO. LOS ENFERMOS LA GIRAN COMO A UN GUIÑOL. POR SU PARTE COULMIER TRATAN DE SER AMABLE CON LOS ENFERMOS Y DE RECLAMARLE A SADE SUS IMPRUDENCIAS. SADE, MAS OCUPADO EN CORREGIR FALLAS, EN DIRIGIR ALGÚN SEGMENTO QUE CONSIDERA MAL HECHO O EN RECREARSE EN LO QUE OCURRE, NO LE PRESTA LA MENOR ATENCIÓN. ROUX LLEGA AL COLMO DE SU EXCITACIÓN, LO CUAL PROVOCA UN ESTALLIDO. LOS ENFERMOS SE ENARDECEN, COMIENZAN A PELEAR ENTRE ELLOS, UNO SE AHORCA, OTROS DOS COPULAN. OTRA PAREJA TAMBIÉN LO HACE, O HACEN COMO SI LO HICIERAN IMITANDO A LOS QUE LO HACEN. LOS ENFERMEROS Y MONJAS TRATAN DE CONDUCIR A LOS ENFERMOS AL OTRO LADO DE LA REJA PARA ENCERRARLOS. EL PUBLICO TENDRÁ QUE LEVANTARSE, PARA TRASLADARSE AL OTRO EXTREMO DEL ESPACIO ESCÉNICO, PARA VER LO QUE OCURRE EN LA CELDA, AL OTRO LADO DE LA REJA.

LA MÚSICA SUBE HASTA HACERSE INDETENIBLE Y ENSORDECEDORA.

HAN SECUESTRADO A LA HIJA DE LOS COULMIER Y ENTRE VARIOS ENFERMOS, LE SUBEN EL VESTIDO Y DUPERRET QUE NO HA DEJADO DE OBSERVARLA, LA SODOMIZAN. ELLA CHILLA, AUNQUE PARECERÍA QUE TAMBIÉN DISFRUTA. ESTO EXCITA AUN MAS A LOS ENFERMOS, QUE CONTINÚAN EXACERBANDO AÚN MÁS EL PANDEMÓNIUM QUE SE HA GENERADO EN EL SALÓN DE LA REPRESENTACIÓN. CONTINUA LA EUFORIA, HASTA QUE, POCO A POCO, LOS ENFERMEROS LOGRAN CONTROLAR LA SITUACIÓN, Y LLEVAR A LOS ENFERMOS AL INTERIOR DEL RECINTO. LA SITUACIÓN VA QUEDANDO EN CALMA, LOGRAN RESCATAR A LA MUJER, HIJA Y ACOMPAÑANTES DE COULMIER, QUE LUCEN TOTALMENTE DESHECHAS. LAS ASISTE COULMIER. SE MANTIENEN O SALEN EN

MEDIO DEL PÚBLICO. LOS ENFERMOS DESAPARECEN HACÍA EL INTERIOR DE LA SALA DE BAÑOS, EL PÚBLICO QUEDA SOLO EN EL ESPACIO DE LA REPRESENTACIÓN.

FIN

.

La escena iberoamericana

Venezuela. El "Marat-Sade" reinó en el Premio Municipal de Teatro

La versión recibió el galardón como Mejor obra del año y director
Este martes se realizó en la Casa del Artista el acto oficial del Premio
Municipal de Teatro en el que arrasó Ibrahim Guerra con su versión de
Marat-Sade (Peter Weiss). La propuesta, estrenada en la sala
Rajatabla en diciembre de 2008, mereció los galardones por Mejor
obra de teatro del año, Mejor dirección, Mejor obra de teatro
académico (Uneartes) y Mejor escenografía (Armando Zullo).
Diana Volpe fue reconocida como Mejor actriz por su impecable
trabajo en La fiesta de Spiro Scimone y Reglas de Urbanidad en la
sociedad Moderna de Jean-Luc Lagarce, ambos dirigidas por Orlando
Arocha. Por su parte, William Cuao recibió el premio como Mejor
actor por San Marcos de Venecia de Julio César Alfonso, quien, a su
vez, recibió el galardón Mejor texto de autor venezolano o extranjero
residente en el país "José Ignacio Cabrujas". En la categoría Mejor
actriz de reparto brilló Francis Romero por su trabajo en La Nona del
argentino Roberto Cossa, mientras en la categoría opuesta destacó
Alexander Rivera por Incidente en Vichy de Arthur Miller, dirigida por
Dairo Piñeres. La Mejor obra de teatro para niños según el jurado, fue
Viaje al Centro de la Tierra, dirigida por Abiram Brizuela; la Mejor obra
de teatro de títeres, Historias de apá, del director José Luis León y
Laura Meza Rada; y la Mejor obra de teatro de calle, El Sueño del
hombre, de Art-O de Caracas.

El jurado, conformado por la presidenta de la Casa del Artista, Lisett
Torres; Douglas Palumbo; Salomón Adames; Alexis Alvarado (Bruno
Mateo) y el crítico Carlos Rojas, entregó mención honorífica a la
primera actriz Manola García Maldonado, "por su dedicación e
impecables interpretaciones a lo largo de sus más de 32 años de
aporte a la actuación en el Teatro Venezolano". Igualmente,

recibieron menciones honoríficas los productores, Greisis Leal (Viaje al centro de la tierra), Tony Bernal (De todo corazón), Catherina Cardozo (Educando a Rita) e Hilda de Luca (La cantata del Rey Miguel); y como Mejor Teatro Comunitario Venezolano, se le otorgó mención de honor al montaje Arlequino Servidor de dos patrones, dirigida por Giovanni Reali. • El Universal | 2009-08-12

http://www.celcit.org.ar/noticias_969_el.marat-sade.reino.en.el.premio.municipal.de.teatro.html

EL ESPECTADOR venezolano (Informaciones y críticas sobre artes escénicas y literatura) **Edgar Antonio Moreno Uribe (Lunes, junio 16, 2008)**

Libro y montaje por medio cupón de Ibrahim Guerra

Sus cinco décadas en el teatro las va a celebrar, a lo grande, con un montaje que él mismo asegura "marcará historia" y un libro donde ha compilado tres de las 25 obras que ha escrito. Ese no es otro que Ibrahim Guerra (Caracas, 1944), quien desde los 12 años está peleando, sin pretender justificar así su apellido, para que no lo discriminen y además construirse su propio espacio en "esa inconmensurable y compleja república de las letras y las artes que, sea como sea, es orgullo para esta Tierra de Gracia".
Ibrahim aprendió el abcé teatral de manos de la inolvidable Lily Álvarez Sierra, hizo su bachillerato y después estudió ingeniería en la Universidad Central de Venezuela, profesión que ejerció durante siete años y después abandonó porque "era insoportable", y necesitaba hacer teatro y televisión a lo grande en los años posteriores.

MONTAJE Y 40 PIEZAS
Ha escrito, entre fallidas, logradas, engavetadas, contadas y montadas, más de 40 obras teatrales. Hay piezas que no volvió a tocar, aunque recuerda que las dejó de hacer, y otras ni intentó corregir por suponerlas malas. Considera que si no son buenas, al menos útiles, aunque sea para él, tiene unas 25. No sabe que titulo le pondrán en Monte Ávila Editores Latinoamericana a su texto, pero sospecha que puede ser: **Tres piezas teatrales de Ibrahim Guerra**, o, tal vez, **A 2,50 la cuba libre y otras piezas de Ibrahim Guerra**. Se puso de acuerdo con Gustavo Ott para seleccionar a las más emblemáticas de su producción: **A 2,50 la cuba libre**, que, aunque lo define más como director, lo catapultó hacia la dramaturgia. Ganó el premio mexicano El Quetzal de Onix como la pieza venezolana más montada en ese país. Sabe que por lo menos han hecho 40 montajes de ella. Luego está **VIP**, quienes la leen suponen que es autobiográfica, pero

no lo así; lo único que tiene de él es que todos los personajes son ingenieros. La aprecia porque es su único texto donde trata al género masculino, que no le gusta ni como actúa en la vida, ni en las tablas. Y cierra con Patria, versión de **La ópera de los malandros**, de John Gay, la misma de donde Bertold Brecht fusiló su Ópera de tres centavos. Él hizo lo mismo.

Está ensayando con los estudiantes del Instituto Universitario de Teatro el montaje de **Marat-Sade**, una variación sobre el original de Peter Weiss. Para ese espectáculo escribió 16 canciones que tendrán boleros, tangos, rancheras, bachatas y hasta hip-hop. "Será un espectáculo fantástico", asegura.

SU GRAN PASIÒN

Aclara que más que actuar, producir o dirigir, su gran pasión fue "siempre escribir", pero la visión escénica y las imágenes, con las enseñanzas de César Rengifo y Alberto de Paz y Mateos, lo llevaron irremediablemente a la dirección escénica. Se olvidó durante muchos años de escribir, pero su condición de director lo hizo crear una pieza a partir de un concepto por el que nadie en aquel entonces, en 1978, daba un centavo, el teatro hiperrealista. Surgió de su pasión por los botiquines, los ambientes sórdidos de los burdeles, de la inmensa admiración que siente por Román Chalbaud y su obra. **Escribió A 2,50 la cuba libre** porque ve en los botiquines uno de los ambientes más emblemáticos del Caribe. "Las mujeres torturadas, y auto torturadas son parte de ese ambiente".

Explica que más que maestros dramaturgos, ha tenido inspiradores estilísticos y temáticos. Aunque, en verdad, no tiene un estilo definido, escribe lo que quiere y como le surgen las ideas de como deben ser montados tales textos. Es director, puestista integral, hace escenografías, luces, ambientes, le subyugan las atmósferas escénicas, por eso comienza por ahí. Cree que todo eso lo aprendió de Paz y Mateos. Sin embargo, "adoro a Rengifo por su lirismo epopéyico, a Román por la poética sórdida de sus ambientes prostibularios y mágicos; venero a José Gabriel Núñez por el desgarramiento vaginal de sus mujeres atormentadas; respeto a Elisa

Lerner por lo dramático de su densidad cínica y cruel de su lirismo narrativo. Adoro la poesía trágica de Federico García Lorca y los autores griegos".

PRÁCTICA Y MÉTODO

Para escribir teatro arranca de sus pasiones y de sus visiones escénicas. Es apasionado con todo y por eso se desgarra para sí mismo. Cuando escribe se ve conviviendo con sus personajes; hace como Cabrujas, que dirigía a los actores en el escenario, dándole las indicaciones a los actores en el oído. Hace lo mismo con sus personajes, les sopla lo que tienen que decir, y lo dicen. Si no habla por ellos, tal vez por eso se parece a él. Afirma que "toda obra teatral surge de un error, de un vicio o de una aberración mental de sus protagonistas, de una neurosis, de una anomalía. Los personajes normales no inspiran empatía en el público, porque en la vida nadie lo es".

No rescribe las piezas cuando las lleva a escena, ni las suyas ni las de ningún otro dramaturgo. Ocurre que cuando escribe la obra a la vez la va descubriendo escénicamente. Cualquier corte que le haga en el montaje, le parece una mutilación escénica. No es que se enamore de sus textos, pero intenta dejarlos depurados en la escritura. Hay piezas que si las va a montar, las deja en bruto para ajustarlas con los actores durante los ensayos de mesa. "Cuando se trata de los clásicos, les meto tijeras por todos lados, para ajustarlos a la modernidad que vivo".

Da clases de guiones para televisión, cine y teatro, y además enseña diferentes vías para emprender la construcción de historias vigorosas e inventar personajes sólidos, y subraya que "eso lo deben estudiar, porque aprenderlo por si mismos les puede llevar más tiempo del necesario".

Otorgaron Premio Municipal de Teatro 2009 en la Casa del Artista - obra del año Marat Sade, dirigida por Ibrahim Guerra de Unearte-Teatro.

http://www.abn.info.ve/noticia.php?articulo=194466&lee=5

Caracas, 11 Ago. ABN.- Este martes fue entregado el Premio Municipal de Teatro 2009 en la Sala Juana Sujo de la Casa del Artista, en la que resultó ganadora como obra del año Marat Sade, dirigida por Ibrahim Guerra de Unearte-Teatro.

Los galardones fueron otorgados por el Concejo del Municipio Libertador a través de la Comisión Permanente de Cultura, Patrimonio Histórico y Medios de Comunicación alternativos comunitarios.

El acto contó con la presencia de una gran multitud de personas que no esperaban terminar las obras de teatro para reconocer con sus aplausos el talento nacional de los premiados.

Asimismo, los presentes rindieron homenaje al escritor uruguayo, Mario Benedetti, con la presentación de la obra Las Tazas, escrita y dirigida por Bruno Mateo, versión y adaptación del cuento Los Pocillos, en una producción del grupo de teatro Tracodra y la presentación del vídeo Personas y Afecto de Mario Benedetti.

El jurado integrado por Lisset Torres, Douglas Palumbo, Salomón Adámes, Bruno Mateo y Carlos decidieron otorgar menciones honoríficas a Greisy Leal, Tony Bernal, Katy Cardozo, Hilda de Luca, Arquelino Servidor de Dos Patrones, dirigida por Giovanni Reali, al teatro Penitenciario y a Manola García Maldonado por su trayectoria de 32 años en la actuación en el teatro venezolano.

El concejal Simón Pereira expresó que de los 400 participantes que se postularon, sólo pudieron seleccionar 200 obras, por el corto presupuesto. Sin embargo, expresó que lo más importante es reconocer que dicho premio "transcendió los limites y se estableció como el más importante reconocimiento a nivel nacional con el que cuenta la cultura en este genero artístico".

Anunció, que la semana próxima representantes del Concejo Municipal realizarán la entrega del premio al pensamiento político, Gustavo Machado.

Por su parte, Héctor Pérez, director de la Coral Santiago de León de Caracas, dijo que anteriormente los premios "estaban reservados para una pequeña elite, pues ahora, se han creado nuevos premios dentro del género de teatro, para involucrarnos más con las instituciones formadores de teatro". Aseveró, que en este momento se le esta dando más oportunidad y protagonismo a los artistas que antes no tenían acceso a estos eventos.

Finalmente, Abiran Brizuela, director de la obra infantil Viaje al centro de la tierra, reconoció la importancia que mantiene este tipo de eventos para los artistas y la cultura en Venezuela.

"La sana competencia está generando una necesidad de calidad, estamos tratando de surgir todos como país y en la medida en que se reconozca el esfuerzo, existirá un incentivo en la búsqueda de la excelencia", puntualizó.

Entre los galardones se encuentran:

Mejor Obra de Teatro del Año a Marat Sade dirigida por Ibrahim Guerra de Unearte-Teatro. Mejor Dirección "Carlos Jiménez" a Ibrahim Guerra, por la obra Marat Sade. Mejor Obra de Teatro para Niños a Viaje al Centro de la Tierra dirigida por Abiram Brizuela. Mejor Obra de Teatro de Títeres a Historias de Apá del director José Luis León y Laura Meza Rada del Centro de Producción de Actividades Alternas. Mejor Obra de

Teatro de Calle a El Sueño del Hombre, del Art-O de Caracas. Mejor Obra de Teatro Académico a Marat Sade, dirigida por Ibrahim Guerra de

Unearte-Teatro. Mejor Texto para Autor Venezolano o Extranjero José Ignacio Cabrujas a Julio Cesar Alfonso, por San Marcos de Venecia. Mejor Actriz a Diana Volpe, por Fiesta y por Reglas de Urbanidad en La Sociedad Moderna. Mejor Actor a William Cuao, por San Marcos de Venecia. Mejor Actriz de Reparto a Francis Romero, por La Nona. Mejor Actor de Reparto a Alexander Rivera, por Incidente en Vichy del Séptimo Piso. Mejor Escenografía a Armando Zullo por Marat Sade. Mejor Vestuario a Marcelino Hernández por Viaje al Centro de La Tierra. Mejor Iluminación a Alfredo Caldera por La Cantata del Rey Miguel del Teatro Negro de Barlovento. Mejor Musicalización a David De Luca por Leonce y Lena. Mejor Música Original a Willman Sánchez por La Cantata del Rey Miguel del Teatro Negro de Barlovento.

IBRAHIM GUERRA

MARAT SADE